ARTHUR
SCHOPENHAUER

ARTHUR

염 세 주 의 철 학 자

쇼펜하우어의 말

아르투어 쇼펜하우어 지음 | 이강래 옮김

SCHOPEN

HAUER

빅마우스

독일의 철학자 쇼펜하우어는 19세기 초반의 염세주의적 경향을 철학 영역에 반영시켰다. 쇼펜하우어의 염세주의적 경향은 어머니와의 관계에서 비롯되었으리라고 짐작된다. 그의 어머니는 자신의 남편보다 19세 어렸으며, 부부관계가 좋지 않았다고 알려져 있다.

쇼펜하우어는 19세에 김나지움(인문 고등학교)에 입학했으며, 1809년 10월 괴팅겐대학교에 입학했다. 그는 의학부에서 자연과학 강의를 열심히 청강했다. 박물학, 광물학, 생리학, 비교 해부학, 물리학, 천문학 등의 강의는 그에게 교양적 토대를 마련해주었다.

그다음 해 의학부에서 철학부로 옮긴 쇼펜하우어는 고틀로프 에른스트 슐체의 강의에 흠뻑 빠져, 이후 플라톤과 칸트의 철학을 본격적으로 전공하기 시작했다. 이때의 영향으로 플라톤의 '이데아'와 칸트의 '물자체(物自體)'가 쇼펜하우어의 '의지(意志)'로 변모했는데, 이는 당시 그의 내부에 움트고 있던 철학의 싹이었다.

쇼펜하우어는 26세부터 4년에 걸쳐 완성한 자신의 저서 《의지와 표상으로서의 세계》를 통해 큰 자신감을 얻었다. 쇼펜하우어는 이 책에 대해서, 낡은 관념의 단순한 재생이 아니라 독창적 사상으로서 어느 정도 성공적이며, 일관된 체계를 지니고 있어서 "이해하기 쉽고 매우 아름답다"라고 말했다. 또한 "앞으로 다른 무수한 책이 쓰일 수 있는 하나의 주요 요인이 될 것이다"라고 언급했다.쇼펜하우어가 이토록 자신감을 가지고 있었음에도, 이 책은 거의 25년 동안이나 세인들의 관심을 끌지 못했다. 하지만 쇼펜하우어의 불굴의 정신은《의지와 표상으로서의 세계》의 속편을 꾸준히 집필하게 만들었으며, 결국 1844년에 개정판을 원고료 없이 출판했다. 그러나 이 책 역시 전혀 팔리지 않았다. 쇼펜하우어에게 행복의 여신이 미소를 짓기 시작한 것은 그가 사상을 갈고 닦은 뒤 1851년에 완성한《부록과 보유》에서였다. 이 책은《의지와 표상으로서의 세계》의 주석을 담은 철학적 수상집으로, 그 자체가 완결된 작품이라는 평가를 받고 있다.

《부록과 보유》는 쇼펜하우어의 인격을 온전히 담은 책으로, 이 작품만으로도 그가 인간에게 이야기하고 싶어 하는 모든 것이 드러난다. 즉, 쇼펜하우어의 인생을 집대성한 경험의 축적이자 인생의 지침서라고 할 수 있다. 이 책에서 '행복이란 얻을 수 없는 것이며, 차라리 삶 자체를 받아들이지 않는 것이 옳다'는 확신을 지니고 있었던 이 늙어가던 사상가는 그래도 이미 받아들인 삶을 혼신의 힘을 다해 행복과 연결시키려는 규범을 짜내고 제시하였다.

쇼펜하우어의 말 / 목차

제3부 / 사색과 학문

제4부 / 처세

제5부 / 명예와 명성

ARTHUR

SCHOPENHAUER

제1부
인간과 삶

고뇌

고통은 적극적으로 작용하는 반면, 행복과 쾌락은 소극적으로 작용한다. 따라서 어떤 사람의 삶이 행복한지 불행한지는 그 자신이 누린 기쁨과 즐거움이 얼마나 컸는지보다 고통이 얼마나 적었는지로 측정해야 한다.

고뇌는 인생과 불가분의 관계

만일 고뇌가 인간의 삶에서 가깝고도 직접적인 목적이 아니라면 인간의 존재 의의는 이 세상에서 사라지고 말 것이다. 왜냐하면 고뇌는 이 세상을 가득 채우고 있을 뿐만 아니라 인생 자체와 불가분의 관계를 맺고 있기 때문이다. 따라서 필요에 의해 생긴 많은 고뇌와 고통을 아무런 목적도 없는 단순하고 우연한 사물로 치부해버리는 것은 이치에 맞지 않는다. 불행을 하나하나 따로 떼어놓고 본다면 가끔 나타나는 엉뚱한 사건 같지만, 일반적으로 묶어서 본다면 불행은 하나의 원칙을 가진다.

인생의 목적은 불행과 고통

인간의 직접적인 존재 목적은 바로 고뇌다. 그렇지 않다면 우리가 이 세상에서 이렇게 허덕이며 살아갈 이유가 없다. 인간은 세상을 살아가면서 으레 괴로움을 경험하게 마련이다. 따라서 세상에 가득 차 있는 불행과 고통이 인생의 목적 그 자체가 아니라 단순히 우연의 산물일 뿐이라고 생각하는 것은 이치에 맞지 않는다. 하긴 몇몇 불행은 예외적으로 나타나는 것처럼 보일 수도 있다. 그러나 이 세상은 일반적으로 불행과 고통으로 가득 차 있다.

아둔하고 우매한 인간

대부분의 사람은 자신의 삶이 보잘것없고, 구원의 길 또한 막혀 있다는 사실을 알지 못한다. 이런 점에서 인간은 얼마나 아둔하고, 우매한 존재인가! 이는 매우 두려운 일이다. 인간은 수난, 무기력, 동정, 비틀거리는 걸음 등에 의지한 채 계속해서 꿈을 꾸는 것으로 평생을 보내고, 시시하고 보잘것없는 생각에 잠겨 죽음에 다다른다. 인간은 태엽에 감겨 아무 생각 없이 돌아가는 시곗바늘과 같다. 즉, 세상에 태어난 순간부터 인생이라는 태엽에 감겨 낡은 시계처럼 돌아가는 소리도 내지 못한 채 천천히 돌아간다.

미래나 과거에만 있는 행복

덧없이 빠르게 지나가는 생존 속에서 시간은 결코 고정되어 있지 않다. 즉, 인간의 삶에는 무한한 고통, 영원한 즐거움, 변하지 않는 이미지, 끝없는 기쁨, 자신의 삶을 일관하는 결심 등이 있을 수 없다. 이러한 것들은 모두 세월의 흐름 속에서 녹아 없어진다. 시간 속에 포함된 분초(分秒), 사물을 이루는 무수한 원자, 인간의 작은 행동 하나하나는 주위의 모든 위대하고 용감한 것들을 황폐하게 만드는 핵심요소들이다.

이 세상에는 진지하게 대해야 할 것이 단 한 개도 없다. 즉, 티끌과도 같은 이 세상에는 값어치 있는 것이 존재하지 않는다. 그리고 인간의 삶은 계속해서 일어나는 크고 작은 일들로 가득하다. 하지만 삶이 우리에게 무엇을 약속했다고 해도 그 약속은 이루어지지 않는 것이 일반적이며, 설령 이루어진다고 해도 우리의 삶이 얼마나 보잘것없는지를 절실하게 느낄 뿐이다. 만일 삶이 우리에게 무엇을 준다면 그것은 단지 되찾아갈 수 있기에 잠시 제공한 것일 뿐이다.

멀리 떨어져 있는 어떤 대상은 우리에게 낙원처럼 그리게 만들지만, 막상 가까이 가면 환상처럼 사라져버린다. 다시 말해, 행복은 항상 미래나 과거에 있다. 현재는 햇살이 가득한 벌판에서 한 조각 뜬구름을 쳐다보는 것처럼, 눈앞은 훤하지만 그 자체에 는 늘 그림자가 비치고 있다.

고뇌는 인간의 운명

공기가 없으면 우리의 목숨이 위태로운 것처럼, 생활에 결핍과 고통, 역경과 좌절의 압박이 없으면 인간은 오만한 마음으로, 비록 파멸은 모면한다고 해도 걷잡을 수 없이 어리석은 짓을 하게 될 것이다. 아니, 어쩌면 미쳐버릴지도 모른다. 따라서 어느 정도의 걱정이나 고통, 고난은 모든 인간에게 필요하다. 짐을 싣지 않은 배가 물살에 자꾸 흔들려 똑바로 나아갈 수 없는 것과 같은 이치다.

인간은 평생 근심과 고통, 고뇌를 등에 지고 살아가도록 운명 지어졌다. 원하는 것마다 모두 다 이루어진다면 인간은 어떻게 자기 생활을 꾸려나가고, 또 무엇을 위해 시간을 쓴단 말인가?

인간을 게으름뱅이들의 천국으로 옮겨놓았다고 가정해보자. 모든 것이 그들이 원하는 대로 진행되고, 남자들이 모두 쉽게 애인을 구할 수 있다면, 인간은 아마도 금방 싫증이 나서 죽든지 스스로 목을 매 자살할 것이다. 어쩌면 전쟁과 살인이 끊임없이 일어나 현재 자연이 인간에게 가하고 있는 고통보다 더한 고통을 인간 스스로에게 가할 것이다. 이런 점에서 인간에게 이 이외의 무대, 이 이외의 존재는 적합하지 않다.

고뇌와 권태의 생활

우리의 생활은 마치 시계추처럼 고뇌와 권태 사이를 왔다 갔다 한다. 고뇌와 권태는 인간 생활의 최종 요소다. 이 같은 사실은 하나의 묘한 형태로 나타난다. 즉, 인간은 지옥을 온갖 죄책과 우환이 득실거리는 곳이라고 말하면서도, 천국에 대해서는 권태 이외에 다른 어떤 단어도 덧붙이지 못한다.

시간과 공간 위에 의지가 그린 삶

  삶은 끝없는 영혼과 같고, 삶에 대한 강한 의지는 덧없는 꿈과 같다. 삶은 시간과 공간의 백지 위에 의지가 그려놓은 짓궂은 그림이다. 이 그림이 눈 깜짝할 사이에 사라져버리면 그 뒤에 또 다른 짓궂은 그림이 그려진다.

인간의 세계가 곧 지옥

단테는 어디에서 지옥의 이미지를 얻었을까? 인간은 이 세상 밖의 존재에 대해서는 아는 바가 전혀 없지 않은가? 단테가 그린 지옥은 실로 그럴듯하다. 하지만 단테는 천국의 즐거움을 묘사하려고 한 순간 어려움에 부딪히고 말았다. 인간의 세계는 그곳과 닮은 점이 전혀 없었기 때문이다. 그래서 단테는 천국의 즐거움을 그리기 전에 조상과 애인 베아트리체, 그밖에 여러 성자가 들려준 교훈을 그대로 받아들일 수밖에 없었다. 이것으로 미루어 봐도 이 세계가 어떤 곳인지 분명히 알 수 있다.

인간은 아무것도 모르는 어린아이

　　인생 항로 앞에 앉아 있는 우리의 모습은 마치 극장 무대에서 무엇이 나올지 기대하며 관람석에 앉아 있는 어린아이와 같다. 이때 아이들이 무대에서 무엇이 등장할지 모르고 있는 상황은 오히려 나을 수 있다. 왜냐하면 무엇이 등장할지 알고 있는 사람의 입장에서 보면, 그 아이들이 이따금 아무 죄도 없는 범인처럼 보이기도 하기 때문이다. 즉, 사형 대신 무죄를 선고받았지만 그 판결 내용을 아직 듣지 못한 상황과 같은 것이다. 이러한 삶을 살아야 하는데도 모든 인간은 오래 살길 원한다. 즉, '오늘은 사정이 나쁘고 앞으로 점점 더 나빠질 것이며, 그리하여 마지막에 가서는 최악의 경우가 온다'고 말하는 것이다.

악마를 따라 하는 인간

이 세상은 단테가 묘사한 지옥 그 이상일 것이며, 우리 모두는 이웃에게는 악마다. 그리고 거기에는 매우 뛰어난 악마의 두목, 즉 '정복자'가 있다. 이 정복자는 수십만 명의 인간을 두 파로 나뉘어 싸우게 만들고, 그들에게 고난을 주며, 죽음이 곧 운명이라고 믿게 만든다. 그리고 총과 대포를 쏘라고 외친다. 그러면 인간은 그대로 한다.

세상 모든 것이 악

만일 사람들에게 앞으로 일어날 수많은 고난과 고통을 그대로 보여준다면 어떻게 될까? 아마도 사람들은 처참한 광경에 놀라 뒤로 자빠질 것이다. 아무리 낙천주의자라고 해도 그에게 직접 외과 수술실이나 노예의 방 또는 사형장을 보여주고, 가난에 찌든 음산한 소굴과 많은 사람이 굶어 죽은 성곽을 보여준다면, 그도 반드시 이 세상에 존재하는 가장 좋은 것이 어떤 성질을 지니는지 깨닫게 될 것이다. 세상은 폭력으로 가득 차 있다. 우리는 모든 것을 선(善)이라고 주장하는 근대 철학의 그릇된 영향에 물들어 있지만, 엄밀히 말하면 악이 이 세상의 모든 것을 더럽히고 있다. 즉, 세상의 모든 것이 악이다.

시간이 멈추는 순간

시간은 쉬지 않고 우리를 몰아세우고, 숨도 못 쉬게 하며, 채찍을 휘두른다. 시간이 채찍질을 멈추는 순간은 우리가 권태에 빠졌을 때뿐이다.

고뇌에 대한 감각이 발달한 동물, 인간

이 세계는 피가 낭자하는 황야다. 불안과 고통에 시달리는 동물들이 서로를 물어뜯고 있고, 맹수는 무수히 많은 약한 동물을 삼키며 살아가고 있다. 이성과 지혜가 발달한 동물일수록 고뇌에 대한 감각이 예리하다. 그런 점에서 고뇌에 대한 감각이 제일 발달한 동물은 바로 인간이다.

낙천주의자들은 이러한 세계를 자신들의 학설에 대응시켜 이 세계가 가장 좋은 곳이라고 주장하지만, 이는 전혀 이치에 맞지 않는다. 어떤 사람은 나에게 "눈을 크게 뜨고 태양이 비치는 이 세계가 얼마나 아름다운지를 보세요. 산, 계곡, 강물, 나무, 동물들이 얼마나 아름답습니까?"라고 말할 것이다. 그렇다면 이 세상은 마법사의 등불과도 같단 말인가? 물론 이런 광경들은 보기만 해도 감탄이 절로 나온다. 그러나 산과 나무와 동물 등으로 이루어진 이 세계 자체는 그것과 전혀 별개의 문제다.

낙천주의자는, 인간은 궁극의 원인에서 창조되었을 뿐만 아니라 우주의 미묘한 조직 체계를 찬양한다고 말한다. 또한 유성이 충돌 없이 운행되고, 바다와 육지가 뒤섞이지 않은 채 서로 분명한 경계선을 지니며, 지상의 모든 것이 하나가 되는 일도, 열로 인해 녹아내리는 일도 없다고 말한다. 그러나 이것들은 단지 없어서는 안 될 하나의 조건에 지나지 않는다. 하나의 세계가 존재하기 위해서, 즉 먼 항성(恒星)에서 비치는 광선이 자신에게 도달할 때까지 존재하기 위해서, 또한 레싱의 어린아이처럼 태어나자마자 곧 꺼져버리지 않기 위해서 근본적으로 우주 자체가 쉽게 붕괴되게끔 서툴게 만들어졌을 리가 없다.

그리고 또 하나, 낙천주의자들이 그토록 찬미하는 이 세상에서 지금 어떤 일들이 일어나고 있는가? 그렇게 견고히 짜인 무대 위에 어떤 배후들이 등장하고 있는가? 조금이라도 현실적이고 성실한 인간이라면 낙천주의자들의 만세 소리에 맞장구칠 엄두가 전혀 나지 않을 것이다. 즉, 인생의 비극과 희극의 재료밖에 남지 않는 것이 바로 현실인 것이다.

인생의 허무함

인생의 가치를 객관적으로 생각해볼 때, 그것이 과연 허무보다 우월한지 의심스럽다. 아니, 만일 경험과 사려의 목소리가 정확하게 들린다면 인생은 그 가치보다 허무가 우월할 것이다. 나는 천국이 어떤지 전혀 모른다. 하지만 이 세상에서의 생활은 값싼 희극이 분명하다.

인간과 창조주

어떤 창조주가 우리 앞에 서 있다고 가정해보자. 그럼 우리는 그의 창조물들을 보며, "당신은 왜 소중한 안정을 깨뜨린 건가요? 왜 그런 철없는 짓을 한 거예요? 왜 그 많은 불행과 고통을 불러일으키려고 한 거예요?"라고 항의할 것이다.

그리고 하나의 신이 이 세계를 창조했다고 해도, 나는 결코 그런 신이 되고 싶지 않다. 왜냐하면 이 세계의 참상이 나의 가슴을 갈기갈기 찢어버릴 테니까.

인생은 생존 투쟁의 연속

인간이 욕망을 갖는다는 것 자체가 번거로운 일이지만, 살아간다는 것은 욕망을 가진다는 의미다. 따라서 인간 생존의 본질은 고뇌라고 할 수 있다. 생물은 그 됨됨이가 고귀할수록 원한을 많이 느끼게 마련이다. 인생은 생존을 위한 괴로운 투쟁의 연속이며, 이 투쟁에서 인간이 결국 패하게 된다는 점은 명백한 사실이다. 또한 인생은 끊임없는 사냥이다. 즉, 인간은 사냥꾼이 되기도 하고, 짐승이 되기도 하며, 서로 날고기를 약탈하기도 한다. 이 세계의 수많은 동물·식물·광물 들을 살펴보면 동기 없는 욕망, 끊임없는 고뇌와 투쟁 그리고 죽음으로 점철되어 있다. 이러한 현상은 한 세기에서 또 한 세기로 되풀이되었으며, 이 지구가 가루가 되어 없어지도록 계속될 것이다.

궁핍과 권태의 연속인 생존

고통은 적극적으로 작용하는 반면, 행복과 쾌락은 소극적으로 작용한다. 따라서 어떤 사람의 삶이 행복한지 불행한지는 그 자신이 누린 기쁨과 즐거움이 얼마나 컸는지보다 고통이 얼마나 적었는지로 측정해야 한다. 인간의 운명은 동물의 운명보다 한층 더 견디기 쉽다. 그렇다면 이 점에 대해 더욱 자세히 생각해보자.

인간의 행복과 불행은 매우 복잡한 형태로 나타나지만, 그 근본은 매우 단순한 육체적 쾌락과 고통이다. 즉, 행복과 불행은 건강, 맛 좋은 음식, 추위와 습기로부터의 보호, 성욕 충족 등을 누리거나 반대로 누리지 못하는 상태에 불과하다. 따라서 인간의 육체적 쾌락은 동물 그 이상도 그 이하도 아니다. 동물과 다른 점이 있다면, 고도로 발달된 신경계통이 쾌락이나 고통에 대한 감수성을 강화하고 있다는 정도다.

인간의 감성은 동물보다 훨씬 복잡하고 심하게 동요를 일으키지만, 결과적으로 얻는 것은 앞에서 말한 건강과 의·식·주에 지나지 않는다. 인간은 과거와 미래의 일을 저버릴 수 없기에 마음에 동요를 일으키기 쉽다. 또한 불안, 공포, 희망이라는 감정 때문에 쾌락이나 고통을 더 심각하게 받아들인다. 반면, 동물은 언제나 있는 그대로의 쾌락이나 고통만을 느낀다. 즉, 동물에게는 생각이라는 걸러내는 장치가 없기에 인간과는 달리 기억이나 예측으로 미리 위축되는 일이 없다. 즉, 현재의 고통이 몇천 번 되풀이된다고 해도 맨 처음 당했던 것만큼만 고통을 느낀다. 동물들이 부러울 정도로 침착한 이유도 바로 여기에 있다.

이와 달리 인간은 복잡한 생각과 그에 따르는 심리 작용 때문에 동일한 쾌락과 고통에서 행복과 불행이라는 승화된 감정이 생겨나며, 이 감정이 더욱 격해져 뚜렷하게 표면화되면 때로는 미칠 듯한 환희에 사로잡히거나 자살을 감행하기도 한다. 이런 점에서 인간은 동물에 비해 욕구를 충족하는 일이 조금 더 어렵다. 그래서 인간은 쾌락의 강도를 높이기 위해 자신의 욕구를 증대시킨다. 즉, 먹거리며 담배, 마약, 술 등의 사치와 겉치레를 고안해내고, 야욕 및 영예에 사로잡혀 다른 사람이 자신을 어떻게 보는지를 의식하면서 행동한다. 이로 인해 행동의 목표가 이상하게 설정됨으로써 육체적 쾌락이나 고통을 도외시하고, 명예만을 위해 끝없이 노력한다.

동물에게서는 순수한 지적 쾌락을 찾아볼 수 없다(지적 쾌락에는 여러 단계가 있어서, 단순한 유희나 대화에서부터 정신 활동에까지 이른다). 또한 자연에서 살고 있는 동물에게서는 권태라는 것을 찾아볼 수 없다(사람에게 익숙해진 영리한 동물에게서만 조금 찾아볼 수 있다). 권태에는 괴로움이 따르게 마련이며, 오직 사람만이 어떤 채찍에 얻어맞고 있다고 느낀다. 특히 이 채찍에 곧잘 얻어

맞는 사람은 자신의 주머니를 채우는 일에만 골몰하는 속물들이다. 속물들이 쾌락을 손에 넣는 순간, 이 쾌락은 하나의 형벌이 되어 권태의 채찍을 내려친다. 그럼 속물들은 이 채찍에서 벗어나기 위해 여행을 하고 명승지를 찾아 돌아다니게 되는데, 이는 마치 거지가 구걸할 곳을 찾아 헤매는 것과 같다.

이처럼 인간의 생존은 궁핍과 권태를 양극으로 하고 있다. 또한 인간의 성적 만족은 다른 동물에게서는 찾아볼 수 없는 특수한 선택에 의해 이루어지며, 이 선택은 때때로 인간을 복잡하고 격렬한 연애에 빠지게 만든다. 이 선택 역시 인간에게 고뇌와 더불어 순간적인 향락을 가져다준다.

또 하나 놀라운 사실은, 인간은 동물과 달리 생각하는 능력을 가지고 있어서 모든 동물이 공통적으로 가지는 고통과 즐거움이라는 협소한 터전 위에 행복·불행이라는 어마어마한 건물을 세울 수 있다는 점이다. 이로 인해 인간은 마음의 동요가 심하거나 마음에 타격을 입으면 그 흔적이 얼굴에 고스란히 나타난다. 그런데 인간이 이렇게 어마어마한 건물을 짓고 얻는 소득이라고 해봐야 동물도 가지고 있는 보잘것없는 것들이다. 동물은 그것들을 손에 넣기 위해 인간과는 비교도 안될 정도로 적은 정욕과 노력만을 지불한다. 죽음이 무엇인지를 알고 있는 인간에게는 쾌락보다 고통이 훨씬 더 큰 비중을 차지한다. 동물은 본능적으로 죽음을 피하려고 할 뿐 죽음이 무엇인지 알지 못하는 데 반해, 인간은 언제나 죽음을 내다보고 있다. 그리고 동물은 먹이사슬에 의해 다른 동물의 먹이가 되는 경우가 많지 자연사하는 경우는 드문 편이다. 하지만 인간은 자연사를 당연시한다. 이런 점에서도 인간보다 동물이 한 발 더 앞서 있다고 볼 수 있다. 사실, 인간의 자연사도 동물의 경우와 마찬가지로 매우 드문 편이다. 그럴 수밖에 없는 것이 인간의 생활 자체가 반자연적일 뿐 아니라, 부당한 노력과 의욕에 의해 생겨나는 종족 전체의 퇴화가 자연사에 큰 장애가 되기 때문이다.

식물은 말할 것도 없고, 동물은 인간보다 훨씬 더 단순한 삶에 만족하고 있으며, 인간은 지적 수준이 낮을수록 삶에 만족한다. 생존에 있어서 동물은 인간에 비해 훨씬 더 적은 고통과 즐거움을 가진다. 그 이유는, 동물은 근심 및 걱정에서 오는 괴로움을 모르고, 희망을 갖고 있지 않으며, 생각의 힘으로 즐거운 미래를 상상하지 않는 동시에 그 상상에 수반되는 축복의 환영에 사로잡히지 않기 때문이다. 동물의 의식은 오직 직관하고만 연관되어 있기에 현재 시점에만 사로잡혀 있다. 따라서 아무 생각 없이 현재를 마음 편하게 즐긴다는 측면에서 본다면 인간보다 동물이 훨씬 더 현명하다. 우리가 종종 동물들의 태평스러운 심리 상태를 보면서, 상상이나 불안으로 심란해하고 쉽게 만족을 느끼지 못하는 자신을 부끄럽게 여기는 이유도 바로 여기에 있다.

앞에서 잠깐 언급한 바와 같이, 희망과 기대에서 오는 인간의 즐거움도 결코 대가 없이 허용되지는 않는다. 즉, 인간은 희망이나 기대로 미리 어떤 즐거움을 맛보게 된다. 그만큼 나중에 결과적으로 찾아오는 즐거움은 감소되고, 그에 따라 만족감도 훨씬 줄어든다. 하지만 동물의 경우는 그렇지 않다. 동물은 어떠한 쾌락도 미리 맛보는 일이 없기 때문에 인간처럼 쾌감이 감퇴하지 않는다. 즉, 있는 그대로의 즐거움을 느끼는 것이다. 이는 고통의 경우도 마찬가지다. 동물이 느끼는 고통은 있는 그대로의 것이지만, 인간은 불안과 공포의 감정으로 고통을 미리 예상하기 때문에 그에 따르는 괴로움도 몇 배나 더 크게 마련이다.

우리가 동물과 인간을 비교하면서 일종의 즐거움을 느끼는 이유는, 동물은 인간과 달리 오직 현재에만 몰두하기 때문이다. 그때그때의 시간을 아무 걱정 없이 보내는 동물에게서 우리는 배울 점이 참 많다. 하지만 인간과 달리 존재 자체에만 만족하는 동물의 이러한 특성은 늘 이기적이고 인정머리 없는 인간에게 도용되거나 못된 수단으로 악용된다. 즉, 동물은 마치 알몸뚱이의 존재 이외에는 아무것도 아니라는 식의 대접을 받고 있는 것이다. 지구의 절반을 날아다니는 새를 작은 새장 속에 가두고, 인간의 가장 충실한 벗인 개를 쇠줄에 매어놓고 기르는 것이 바로 인간이다. 나는 줄에 묶인 개를 볼 때마다 측은한 마음이 드는 동시에, 개 주인에게 큰 분노를 느낀다. 내가 지금까지도 기억하는 즐거운 기사 가운데 하나는 몇 년 전 〈타임스〉에 실린 내용으로, 큰 개를 줄에 묶어놓은 채 기르던 어느 한 귀족이 하루는 그 개를 어루만지려고 손을 내밀었다가 개에게 물려서 부상을 입었다는 것이다. 그 개는 아마도 '당신은 나의 주인이 아니라 악마다. 나의 짧은 생을 생지옥으로 만든 것은 바로 당신이다'라고 말하고 싶었을 것이다.

인간의 우매함과 사악함

이 세계, 특히 인간 세계에서 나타나는 현상들의 가장 큰 특징을 한 마디로 표현하자면 '어긋남'이다. 모든 현상이 도덕적·지적·형이하학적으로 어그러지고 비뚤어져 있다. 그릇된 행동에 대한 변명으로, 그 행동은 자연스러운 것이라고 말하지만 이는 충분한 변명이 될 수 없다. 왜냐하면 그 행동은 악하기 때문에 자연스러우며, 자연스럽기 때문에 악하다는 반박을 받을 수 있기 때문이다. 이 말을 올바로 이해하기 위해서는 가장 먼저 원죄 (原罪)에 대해서 알아야 한다.

인간을 도덕적으로 비판하려면 우선 확고한 견지를 지니고 있어야 한다. 즉, 인간은 근본적으로 죄가 많고 사악하며 비뚤어져 있고, 원죄와 죽음의 운명에 떨어져 있음을 견지해야 한다. 인간의 사악한 본성은 다른 사람에 의해 관찰되기를 원하지 않는다. 그렇다면 이런 인간에게서 무엇을 기대할 수 있겠는가? 이런 견지로 사람을 바라본다면, 우리는 어떤 사람이라도 너그럽게 대할 수 있다. 그의 안에 숨어 있던 악마가 어느 순간 깨어나 나타날지라도 결코 놀랄 이유가 없다. 반면, 어떤 사람이 선(善)을 행하는 것을 본다면, 그 가치에 대해 좀 더 타당한 평가를 내릴 수 있다. 이 경우, 자신의 입장을 잘 생각해봐야 한다. 즉, 궁핍·비참·고뇌가 주를 이루는 삶을 살아가는 사람이라면 당연히 생존을 위해 버둥거리게 마련이므로, 웃는 얼굴만 할 수 없다는 사실도 계산에 넣어야 할 것이다.

우리는 인간이 지닌 우매함과 사악함에 너그러워야 한다. 우리 눈에 들어오는 것들은 모두 우리 자신의 우매함이자 사악함이기 때문이다. 즉, 눈에 보이는 다른 사람의 결함은 우리 자신의 내부에도 있고, 분노를 금할 수 없는 다른 사람의 사악함도 우리 자신의 내부에 깃들어 있다. 단지 우리는 그것을 겉으로 표현하지 않을 뿐이며, 이러한 사악함은 어떤 원인이 제공되면 표면에 드러나게 된다. 다만 어떤 사람에게는 이 사악함이, 다른 사람에게는 저 사악함이 더 강하게 드러나는 현상은 있을 수 있으며, 전체적으로 좀 더 많이 사악한 사람이 있다는 사실은 부정할 수 없다.

생존과 허무

생존이 일종의 착오라는 사실은, 인간은 욕망의 덩어리지만 그 욕망을 충족시키기가 매우 어렵다는 점을 보면 명백해진다. 욕망의 충족에 주어지는 대가라고 해봐야 고작 고통이 사라진 상태에 불과하다. 그리고 고통이 사라졌다고 생각하는 순간, 우리는 곧 권태의 포로가 되어버린다.

시간 안에서 유동적인 존재

인생은 현미경으로 봐야 겨우 볼 수 있는, 더 이상 쪼갤 수 없는 하나의 점이다. 우리는 이것을 공간과 시간이라는 두 개의 도수 높은 렌즈로 확대시켜 보고 있을 뿐이다.

시간이란 인간의 두뇌 속에 있는 장치로, 사물뿐 아니라 허무적 존재인 인간에게 지속성을 부여함으로써 실재성이라는 가상(假像)을 선사한다. 과거에 행복 또는 향락의 기회를 놓쳤다고 한탄하는 사람은 얼마나 어리석은가! 설령 그 기회를 잡았다고 해도 어느 만큼이나 득을 봤겠는가! 추억은 말라빠진 미라에 지나지 않는다. 그런 점에서 시간 그 자체는 우리에게 지상에 존재하는 모든 향락의 허무성을 가르쳐주기 위한 수단에 지나지 않는다.

시간이라는 개념 안에서 인간은 다른 동물과 마찬가지로 확고부동하고 지속적인 존재가 아니라, 물의 소용돌이처럼 끊임없이 움직여야만 존립 가능한 유동적 존재에 불과하다. 왜냐하면 육체는 한동안 그 형태를 유지하지만, 이는 낡은 것을 배설하고 새로운 것을 섭취하는 물질의 신진대사가 있어야만 가능하기 때문이다. 그래서 인간과 동물의 주된 일은 육체를 유지하기 위해 필요한 물질을 쉬지 않고 섭취, 배설하는 것이다. 동시에 인간과 동물은 이러한 생존에도 한계가 있다는 사실을 자각하고 있기 때문에 자신의 삶이 끝나기 전까지 자신을 대신할 다른 대상에게 생존을 넘겨주려고 한다. 이러한 노력은 성욕의 형식으로 자의식 속에 나타나며, 이 자의식은 사물의 형태, 즉 객관적으로 눈에 보이는 생식기라는 형태로 나타난다. 성욕은 진주 목걸이의 알을 이어주는 한 올의 실과 같으며, 뒤이어 급속하게 나타나는 모든 개체는 진주의 한 알 한 알에 해당한다. 여기에 상상력을 더해, 이 교체의 속도를 빨리하고, 계열 전체는 물론 개체 하나하나의 형상은 변하지 않지만 소재는 끊임없이 변한다는 점을 감안한다면 인간은 단지 어떤 가상의 존재를 지니고 있음에 불과하다는 사실을 알 수 있다. 이러한 견해는 이념만이 참된 존재이며, 이에 대응하는 모든 사물은 그림자와 같다는 플라톤의 학설에서도 찾아볼 수 있다.

생존을 위한 필수조건은 우리의 끊임없는 욕구의 대상인 물질이 쉬지 않고 섭취·배설되는 것이다. 이 점에서 우리의 생존은 연기, 불꽃, 분수 등과 비슷하다. 연기, 불꽃, 분수도 보급이 중단되면 곧 쇠퇴하고 멈추지 않는가!

살려는 의지는 모든 것이 '없음(無)'으로 돌아가는 현상에 있어서만 나타난다. 그러나 이 '무'도 온갖 현상과 더불어 살려는 의지의 깊은 밑바닥에 들어앉아 있다. 물론 이것은 밝은 곳에 나타나지는 않는다.

세상 돌아가는 모습을 크게 보면서 희극에라도 나올 법한 인간 생활의 세부적인 모습에 주목한다면, 우리는 벌레가 우글거리는 물방울이나 세균이 붙어 있는 치즈를 현미경으로 들여다봤을 때의 광경을 보게 될 것이다. 이들 미세한 벌레와 세균의 눈물겨운 활동 및 싸움은 우리를 웃음 짓게 만든다. 왜냐하면 한편으로는 이렇게 좁은 공간에서, 다른 한편으로는 그토록 짧은 시간 속에서 과장되고 엄숙하게 움직이는 그들이 모습이 한 편의 희극처럼 보이기 때문이다.

시공간, 모든 형이상학의 열쇠

한번 존재했던 것은 이미 존재하지 않고, 한 번도 존재한 적 없는 것은 현재에도 존재하지 않는다. 그러나 현재 있는 모든 것은 다음 순간에는 이미 존재했던 것이 된다. 그러므로 아무리 무의미한 존재라도 현실성이라는 측면에서 본다면 중요한 과거보다 더 낫다. 이 관계는, 비록 얼마 안되더라도 있는 쪽이 아무것도 없는 쪽보다 더 나은 것과 같다.

우리는 가끔 자신이 지금 이 세상에 존재하고 있다는 사실에 새삼 놀란다. 왜냐하면 몇억 년 동안 한 번도 존재하지 않았던 자신이라는 존재가 이 짧은 시간이 지나 또 다시 몇억 년이 지나면 존재하지 않은 것으로 되어버리기 때문이다. 우리의 마음은 그럴 리가 없다고 말한다. 이런 견지에서는 아무리 보잘것없는 존재라도 시간은 관념적이라는 예감을 가지게 된다. 시간의 관념성은 공간의 관념성과 함께 모든 형이상학의 열쇠다. 시간과 공간의 관념성을 알게 되면, 자연의 질서와는 전혀 다른 사물의 질서를 알게 되기 때문이다. 칸트가 위대한 것도 바로 이런 이유에서다.

우리의 삶에서 현재의 '있다'는 단지 한순간에 불과하며, 이 순간이 지나버리면 영원히 '있었다'가 된다. 저녁이 찾아올 때마다 우리의 마음은 늘 빈곤해진다. 만일 우리의 깊은 내면에 '아니다! 우리에게는 절대로 마르지 않는 영원한 샘물이 주어져 있으며, 이것으로 늘 삶의 시간을 갱신할 수 있다'라는 남모를 의식이 존재하지 않는다면, 우리에게 주어진 짧은 시간이 순식간에 지나가버리는 것을 눈으로 확인하는 순간 우리 모두는 미쳐버릴지도 모른다.

지금까지의 내용을 정리해보면 우리는 현재를 즐기는 것, 그리고 이것을 인생의 목적으로 설정하는 것이 최고의 지혜라는 결론을 얻는다. 현재만이 실재이며, 다른 모든 것은 사상의 유희에 지나지 않으니까 말이다. 하지만 이런 생각이야말로 가장 어리석은 것이다. 왜냐하면 이미 존재하지 않는 그러한 것, 마치 꿈처럼 흔적도 없이 사라져버리는 것은 절대로 노력할 가치가 없기 때문이다.

고통과 권태

정신적으로는 생산이 불가능한 데다 유난히 조잡스러운 것들이 숭상받는 현대는 제멋대로 조합되고 귀에 거슬리는 '지금 이 시대'라는 말로 불리고 있다. 마치 이 시대의 '현재'만이 가장 훌륭한 '현재'이고, 다른 모든 '현재'는 이 시대의 '현재'를 낳기 위해서 존재했던 것만 같다. 만일 우리의 생존이 이 세계의 궁극적 목적이라면 이 목적을 우리 인간이 설정했든 신이 설정했든 간에 목적 중에서도 가장 바보스러운 것이라고 말해도 좋다.

인간의 삶은 우선 생계라는 과업을 유지하면서 이어진다. 하지만 이 과업을 통해 얻은 것은 일종의 무거운 짐이 되어 돌아온다. 따라서 손에 넣은 것을 처분하고 처리한다는 제2의 과업이 출현한다. 즉, 생활이 안정된 다음에는 잠복하고 있던 맹수처럼 곧 닥쳐오는 권태라는 것을 내쫓지 않으면 안 된다. 즉, 인생의 제1 과업은 무엇인가를 손에 넣는 것, 제2 과업은 손에 넣은 것을 곧바로 잊는 것이다. 그렇지 않으면 손에 들어온 것이 곧 무거운 짐이 되어버리기 때문이다.

인간 세계 전체를 돌아보면, 우리는 숨 돌릴 틈도 없는 생존 경쟁의 모습을 목격하게 된다. 시간을 가리지 않고 일어나는 위협적인 수많은 위험과 재난에 전심전력으로 대항하는 맹렬한 격투의 모습 말이다. 그다음에는 모든 악전고투에 따르는 보상, 즉 생존이나 생활에서 고통이 사라진 순간이 잠시 찾아온다. 하지만 이는 곧 권태의 습격을 받게 되고 우리는 순식간에 새로운 곤궁에 빠진다. 고난 다음에 권태가 도사리고 있다는 사실은 인생이 단지 욕구와 충동에 의해 움직이고 있다는 점을 잘 보여준다. 이 권태 다음에는 생존 자체에 대한 따분함과 공허가 그 모습을 드러낸다.

생존이 일종의 착오라는 사실은, 인간은 욕망의 덩어리지만 그 욕망을 충족시키기가 매우 어렵다는 점을 보면 명백해진다. 욕망의 충족에 주어지는 대가라고 해봐야 고작 고통이 사라진 상태에 불과하다. 그리고 고통이 사라졌다고 생각하는 순간, 우리는 곧 권태의 포로가 되어버린다.

권태란 생존의 공허함을 느끼는 상태다. 우리의 본질과 생존이 그토록 갈망하는 생명이 실재적 가치와 내용을 지니고 있다면 권태가 생길 리 없으며, 단순한 생존만으로도 우리는 만족감을 느끼게 될 것이다. 그런데 우리는 무던히 노력하고 있거나, 순수하게 지적인 일을 하고 있을 때에만 생존의 기쁨을 느낀다. 노력하고 있을 때는 현재의 위치와 목적과의 거리로 인해 기쁨을 느끼는 것이며, 이 기쁨은 목적을 이루는 순간 사라져버린다. 마찬가지로 순수하게 지적인 일을 하고 있을 때 우리는 인생에서 벗어나 있기 때문에 극장 좌석에 앉아 있는 관객처럼 인생을 한 발 물러나 바라보게 된다.

감각적인 향락의 본질도 끊임없이 추구하는 데 있으며, 목적에 도달하는 순간 향락도 사라지고 만다. 이때 우리는 생존의 허무와 공허를 확인하게 된다. 이것이 바로 권태다. 이런 점에서 권력자들의 액세서리나 파티에서 볼 수 있는 호화찬란함도 결국 인간 생존의 본질적인 비참함을 모면하려는 헛된 시도일 뿐이다. 화려한 파티 장소에서 완벽한 행복을 느끼는 사람은 단 한 명도 없을 것이다. 만일 있다면 그는 술에 취해 있을 것이다.

노력과 허무의 의미

인간이라는 유기체는 매우 정교하고 복잡하지만 결국에는 티끌로 사라지게 되어 있다. 즉, 인간이라는 존재와 인간의 모든 노력은 결국 '없음(無)'으로 돌아갈 수밖에 없는 것이다. 따라서 인간에게 노력과 허무는 늘 진실인 동시에 자연 흐름의 소박한 확인이다. 노력이 자기 자신에게 가치 있고 절대적인 것이라면, 그것이 존재하지 않음을 목표로 하는 일은 결코 있을 수 없다.

생존하는 괴로움

모든 인간의 생활은 단지 욕망과 욕망의 만족 사이를 왔다 갔다 할 뿐이다. 이때의 욕망은 고통일 뿐이며, 욕망이 충족되고 나면 이내 지루함이 몰려온다. 목표라고 하는 것도 임시적일 뿐이다. 물건을 손에 넣고 나면 이내 자극은 사라지고 만다.

고통과 지루함 사이를 오가는 삶

스토아학파의 윤리학은 인간의 위대한 특권인 이성을 가장 높이 평가하는 동시에 존중할 만한 시도라고 강조한다. 즉, 스토아학파의 윤리학은 '너는 너 자신이 얼마나 가벼운 기분으로 생활하기를 바라는지 잘 알지 못한다. 영원히 만족할 수 없는 욕망, 거의 도움이 안되는 사물에 대한 두려움과 기대가 너를 괴롭히기를 바라지 않는다'라는 지침을 내세우면서 이성을 모든 생명에 붙어 다니는 고뇌와 고통에 전혀 시달림 당하지 않는 초연한 것이라고 강조했다.

인간은 이성적 존재로서 다른 동물과 확연히 대립된다. 두말할 필요도 없이 스토아학파의 지침 역시 이런 의미를 갖고 있으며, 나 역시 스토아학파의 윤리학을 그렇게 보고 있다. 그렇다면 이성이란 무엇인가? 우선, 이성에는 어떤 능력이 있는지 살펴볼 필요가 있다.

스토아학파가 말하는 인생의 목적은 이성적 윤리를 따르는 것으로 어느 정도 도달할 수 있다. 이는 경험에서도 배울 수 있지만, 일반적으로 실천적 철학자(이론적 철학자가 삶을 개념 속에 옮겨 넣고 있는 것에 비해 이들은 개념을 삶 속에 옮겨 넣고 있기 때문에 이 호칭은 매우 적절하다)라고 불리는 순수한 이성적 성격의 소유자들이 가장 행복한 사람들이다.

하지만 이성적 윤리를 따르는 생활 방법이 과연 완전한 것인지, 또한 이성을 실제적으로 잘 활용하면 삶의 온갖 부담이나 괴로움이 해소되어 더없이 행복한 상태에 이르게 되는지 등의 문제를 따져보면 좀처럼 그렇지 않다는 결론이 나온다. 여기에도 부족한 점이 얼마든지 있다. 오히려 괴로움 없는 삶, 즉 '더없이 행복한 생활'이라는 말 자체에 모순이 숨겨져 있다. 지금부터 내가 논하는 문제를 끝까지 따라가는 사람은 이 말의 뜻을 정확히 파악할 수 있을 것이다.

'더없이 행복한 생활'이라는 말의 모순은 스토아학파 윤리학에도 이미 뚜렷이 나타나 있다. 즉, 스토아학파의 사람들은 '더없이 행복한 생활'의 지침에서 자살을 권하고 있다. 그들은 육체의 괴로움이 너무 심해 어떤 철학적인 말이나 결론으로도 해결될 수 없고, 유일한 목적인 행복도 더 이상 바랄 수 없을 때 괴로움에서 벗어나는 유일한 방법으로 자살을 권한다. 단, 자살할 때는 진통제를 먹는 것처럼 매우 태연한 자세로 임해야 한다.

바로 이 점에서 스토아학파 윤리학은, 어떤 괴로움이 닥치더라도 덕(德)을 참된 목적으로 여겨야 하며 괴로움에서 벗어나기 위해 생명을 끊는 일은 결코 용납될 수 없다는 가르침과 대립된다. 물론 덕을 목적으로 하는 교실은 왜 자살이 비난받아야 하는지에 대해서는 명확하게 설명하지 않은 채 온갖 하찮은 이론만을 내세우고 있다.

어쨌든 문제는 스토아학파 철학자들이 강조하고 있는 이상이 결코 생명력을 지니지 못하고, 시적(詩的) 진실성을 갖추지 못하며, 어떻게 다뤄야 할지 알 수 없는 목제 인형에 지나지 않는다는 사실이다. 게다가 스토아학파 철학자들은 인간의 본질과는 완전히 대립해서, 결코 뚜렷한 표상(表象)이 될 수 없는 자신들의 완전한 안정, 만족, 행복이 무엇인지를 모르고 있다.

스토아학파 철학자들과 비교한다면, 고대 인도의 지혜가 우리에게 전해주는 세계극복자(世界克服者) 또는 위대한 시적 진실 그리고 극도의 괴로운 상태에서 완전한 덕과 신성함과 숭고함을 드러낸 그리스도교의 구세주는 얼마나 다른 모습을 보여주는가! 따라서 지금부터 우리는 인간의 생존 가운데 의지(意志)의 내적·본질적 운명에 대해 살펴볼 것이다.

어느 누구라도 동물의 생활 속에서 비록 미약하고 뉘앙스 차이는 있지만, 인간과 비슷한 모습들을 찾을 수 있을 것이다. 또한 동물이 괴로워하는 모습을 보면서 모든 삶은 본질적으로 괴로움이라는 사실을 충분히 확신할 것이다. 인식이 미치는 범위, 온갖 단계의 의지는 인간에게 개인적 성향으로 나타난다. 무한의 공간과 시간 속에서 인간은 유한한 존재이므로, 인간은 자신이 가진 온갖 단계의 의지가 거대한 것에 정면으로 부딪히는 존재가 되고 만다. 이 거대한 것에는 한계가 없다. 인간은 상대적 존재이며, 이 존재가 인제부터 있어왔고 또한 어디에 있는지는 결코 확실하게 알 수 없다. 왜냐하면 우리는 각자가 차지하고 있는 무한한 장소 및 시간의 유한한 일부분에 지나지 않기 때문이다.

개인이 가지는 본질적 존재는 현재에서만 그 의미를 가진다. 과거를 되돌아보고 과거에 가라앉는 것 자체가 죽음 속으로 질질 끌려들어 간다는 의미며, 또한 차츰 죽어간다는 의미다. 왜냐하면 과거는 인간의 의지가 어떻게 그 사람 속에서 나타났는지를 보여주는 것이긴 하지만, 현재와의 관련성을 제외하고는 이미 완전히 결정되고 죽은 것이며 이제는 존재하지 않는 것이기 때문이다.

이성적으로 생각한다면, 과거의 생활이 괴로웠다거나 즐거웠다거나 하는 판단은 그 자체가 좋은 것임에는 틀림없다. 하지만 현재는 늘 그 사람의 손가락 사이를 지나 과거로 옮아가고 있다. 물리적 측면에서 본다면 우리의 걸음이 쓰러지는 몸을 간신히 받치고 있는 것에 불과하듯, 우리의 육체적 활동이 가까스로 죽음을 방해하고 있다는, 즉 우리의 죽음은 연기되고 있다는 사실이 분명하다. 나아가 우리의 정신 작용 역시 어떻게든 지루함을 얼버무리는 일에 지나지 않는다.

호흡을 하는 것도 늘 침입해오는 죽음을 막는 일이다. 우리는 매초마다, 한 호흡마다 죽음과 싸우고 있다. 좀 더 긴 시간을 생각하더라도, 우리는 무엇을 먹거나 잠을 자거나 몸을 난로에 녹이거나 하면서 죽음과 싸우고 있다. 하지만 결국 이기는 쪽은 죽음이다. 그도 그럴 것이 우리는 탄생과 동시에 죽음의 소유물이 되기 때문이다. 단지 죽음이 먹이를 삼키기 전에 잠시나마 그 먹이를 희롱할 뿐이다.

인간과 동물에게는 채울 수 없는 목마름과도 같은 욕망과 노력이 존재한다. 이 모든 욕망의 근원은 바로 부족, 결핍, 고통이다. 이에 비해 필요한 것이 너무 쉽게 얻어지는 바람에 욕망이 감퇴하여 욕망의 대상이 사라지고 나면, 이번에는 무서운 공허함과 지루함이 엄습해온다. 즉, 자신의 본질과 생존 자체가 견딜 수 없는 부담으로 다가온다.

이렇듯 삶은 마치 시계추처럼 고통과 지루함 사이를 오간다. 이러한 사실은, 인간이 모든 괴로움과 고뇌를 지옥으로 추방한 다음에 천국에 남는 것은 오직 지루함뿐이라는 점을 말한다고 볼 수 있다.

의지의 가장 완성된 객체화라고 할 수 있는 인간은 결핍의 차이도 제일 심하게 드러낸다. 인간은 욕구와 욕망이 구체화된 존재로, 한 마디로 욕망의 덩어리다. 늘 욕망을 안고 사는 인간은 지상에 살면서도 모든 것을 신에게 맡기겠다고 말하면서 자신의 욕망과 괴로움을 빼놓고는 모조리 불확실한 상태로 살아간다. 그렇기 때문에 인간의 생활은 날마다 나타나는 어려운 문제들 속에서 자신을 보존해나가는 것으로 이루어진다. 이러한 생활과 직접적으로 연결된 인간의 두 번째 욕구는 바로 종족 번식이다.

하지만 인간은 동시에 끊임없는 경계심을 필요로 하는 각양각색의 위험에 둘러싸여 있다. 온갖 유형의 우연과 적 들이 인간을 노리고 있는 것이다. 따라서 인산은 세심하게 주의를 기울이면서 자신의 길을 걸어간다.

대부분의 사람은 자신이 언젠가는 죽는다는 사실을 분명히 알고 있으면서도 생명을 보존하기 위해 끊임없이 투쟁한다. 그렇다면 왜 이런 괴로운 싸움을 계속해나가는 것일까? 이는 삶에 대한 애정 때문도, 죽음에 대한 공포 때문도 아니다. 인간의 삶 자체가 주의와 배려로 피해가야 하는 암초, 소용돌이로 점철된 깊은 해원(海原)이기 때문이다. 인간은 노력에 노력을 거듭해 이 해원 속을 전진해나감으로써 죽음을 향해 가는 것이다. 죽음이야말로 고난에 넘친 항해의 마지막 목표이며, 인간에게는 그동안 줄곧 피해온 어떤 암초보다도 한층 더 최악의 상태이다.

모든 살아 있는 존재를 움직이는 원동력은 바로 생존을 갈구하는 마음이다. 그런데 막상 생존이 확보되면, 그들은 자신의 생존을 어떻게 영위해나가야 할지 짐작조차 하지 못 한다. 그래서 그들을 움직이는 제2의 원동력은 결국 지루함에서 벗어나고자 하는 노력이다. 사실 지루함은 문제 삼을 필요가 없는 해악(害惡)에 불과하다. 하지만 지루함을 그대로 내버려두면 나중에는 인간의 얼굴에 절망이 드리운다.

인간은 지루함을 느끼기 때문에 친구가 몹시 필요해지고, 이로 인해 사교가 이루어진다. 국가는 다른 모든 해악에 맞대응했던 것처럼, 지루함 추방을 위한 공공의 시책을 내놓기도 했다. 왜냐하면 지루함은 또 다른 해악인 굶주림과 마찬가지로 인간을 무법 상태로 몰아가기 때문이다. 그래서 인간에게는 빵과 서커스가 모두 필요한 것이다.

필라델피아에는 죄수를 고립시켜둠으로써 지루함을 견딜 수 없게 만드는 형벌이 있다. 이 형벌을 받던 죄수 중 자살한 사람이 있을 정도였다. 따라서 결핍이 민중에게 가해지는 채찍이라면, 지루함은 상류층에 가해지는 무서운 형벌이다.

모든 인간의 생활은 단지 욕망과 욕망의 만족 사이를 왔다 갔다 할 뿐이다. 이때의 욕망은 고통일 뿐이며, 욕망이 충족되고 나면 이내 지루함이 몰려온다. 목표라고 하는 것도 임시적일 뿐이다. 물건을 손에 넣고 나면 이내 자극은 사라지고 만다. 그리고 새로운 종류의 욕망이나 욕구가 얼굴을 내민다. 이때 새로운 욕망이 나타나지 않으면 따분함과 공허함, 지루함이 몰려오고, 이를 물리치는 일은 결핍과 싸우는 일만큼이나 어렵다.

욕망과 만족 사이의 시간이 그렇게 짧거나 길지 않다면 괴로움은 줄어든다. 즉, 욕망이나 만족의 양이 적당하다면 가장 행복한 생애가 되는 것이다. 왜냐하면 삶의 가장 아름다운 부분이자 순수한 기쁨은 우리가 생존 문제를 초월해 욕망 없이 사물을 관찰할 때 나타나기 때문이다. 이런 경우에 해당하는 것이 바로 욕망 없는 인식, 미적 소질, 올바른 예술 작품 감상 등이다. 하지만 이런 기쁨에 잠기기 위해서는 특별한 소질이 있어야 하기 때문에 몇몇 사람만 이런 기쁨을 누릴 수 있다. 이런 혜택을 받은 사람이라도 마치 꿈속에서처럼 얼마 안되는 시간만 기쁨을 맛볼 수 있다. 또한 이런 뛰어난 정신적 소질을 갖춘 혜택받은 소수의 사람은 우둔한 사람들보다 고통에 훨씬 더 민감하다. 그런 점에서 본나면 이러한 소수자의 기쁨도 어쩔 수 없이 상쇄되고 만다.

대부분의 사람은 순수하게 정신적 즐거움에 잠기지 못 한다. 즉, 그들은 순수한 인식 속에 있는 기쁨을 맛보는 일이 전혀 불가능하며, 거의 대부분 욕망에 의해 좌지우지된다. 무엇인가가 그들의 관심이나 흥미를 불러일으킨 이유는 의지가 어떤 모양으로든 그들을 자극했기 때문이다. 이렇듯 인간의 생존은 인식 중에서도 의지의 한가운데에 놓여 있다. 의지에 의해 좌우되는 가장 특징적인 욕망은 화투 놀이의 발견과 그것이 지금까지도 계속되고 있다는 점에서 잘 드러난다. 화투 놀이야말로 인간의 빈약한 측면을 그대로 드러내는 것이라고 할 수 있다.

하지만 자연의 행운이 아무리 크다고 해도 사람이라면 누구나 삶에서의 본질적인 고통을 제거할 수 없다.

아킬레스는 절규하며 하늘로 시선을 던졌다.
"제우스, 크로노스의 아들은 나다! 그러나 나는 무한한 괴로움을 맛보고 있다."

괴로움을 없애기 위해 아무리 노력해봤자, 우리는 괴로움의 모양만 바꿀 수 있을 뿐 그 이상을 이룰 수는 없다. 즉, 결핍이나 곤궁 등에 따르는 괴로움을 밀어낸다고 해도 몇천 가지의 형태를 지닌 괴로움은 이내 다른 모습으로 바뀌어 다시 나타난다.

괴로움은 나이와 환경에 따라 성욕, 애욕, 질투, 사기, 증오, 불안, 야심, 탐욕, 질병 등의 모습으로 등장한다. 이렇듯 괴로움은 다양한 형태를 취하며, 나타날 수 없는 경우에는 최후의 수단으로 음산한 기운이 감도는 무료함의 망토를 걸친 채 그 추악한 얼굴을 내민다.

무료함을 추방하기 위해 온갖 시도가 이루어진다. 하지만 무료함 추방에 성공했더라도 괴로움이 또 다른 모습으로 다시 등장하며, 이런 현상이 되풀이되지 않게 하기란 지극히 어렵다. 왜냐하면 모든 인간의 생활은 괴로움과 지루함 사이를 오가기 때문이다. 이러한 견해는 분명 우리를 실망시키지만, 나는 오히려 여기에서 위안을 얻는다. 그렇다면 현재 자신에게 닥친 불행에 대한 스토아학파적인 무관심한 태도를 살펴보자.

우리에게 어떤 불행이 닥쳤을 때 도저히 견딜 수 없을 것 같은 심정이 드는 이유는 '조금만 운이 좋았다면 이렇게 되지는 않았을 텐데'라는 생각이 들기 때문이다. 우리는 늙음이나 죽음 그리고 숱한 일상생활의 불편함처럼 우리 능력으로 어떻게 할 수 없는 일반적인 불행에 대해서는 슬퍼하려고 들지 않는다. 즉, 우리는 괴로움이 상황에 의해 우연히 만들어진다는 사실을 잘 알고 있기 때문에 더 큰 고통을 느끼는 것이다.

그래도 괴로움은 삶에 있어서 불가피한 것이다. 이러한 괴로움의 형태나 형식은 우연에 의해서 현재 시점에만 나타나고, 괴로움이 없어졌다고 해도 아직 얼굴을 드러내지 않은 또 다른 괴로움이 곧 등장하며, 운명 그 자체는 우리에게 괴로움을 가하는 일이 없다는 점을 충분히 인식하고 있다면 스토아학파적인 무관심이 마음속에 생겨날 것이고, 그럼 자신의 행운과 불운에 잔뜩 겁을 머는 일도 직어실 것이다.

하지만 실제로는 이성으로 괴로움을 누르기란 어렵다. 아니, 절대로 그럴 수 없다. 또한 괴로움을 절대 피할 수 없고, 현재의 괴로움이 사라지면 새로운 괴로움이 등장한다는 지금까지의 견해에 따른다면 다음과 같은 가설을 만나게 된다. 즉, 괴로움이 아무리 다양한 모습으로 나타나더라도 본질적인 괴로움의 양은 그 사람의 성격에 따라 항상 일정하다는 것이다.

사람이 가지는 괴로움이나 기쁨은 외부에서가 아니라 그 사람이 가진 소질에 의해 정해진다. 사람마다 가지고 있는 이 소질은 시간과 각자의 건강 상태에 따라 다소 차이는 있지만, 전체적으로 본다면 늘 변하지 않는다. 이는 사람의 성질뿐 아니라 플라톤이 《국가》의 1장에서 '가벼운 감각과 무거운 감각'의 정도로 멋지게 표현하고 있는 것과 같다.

이런 가설을 뒷받침하는 예로, 우리는 큰 괴로움이 있으면 작은 괴로움에는 무감각해지고, 반대로 큰 괴로움이 없으면 하찮은 괴로움에도 기분 나빠한다는 점을 들 수 있다. 나아가 경험은, 생각만으로도 소름 끼치는 커다란 불행이 실제로 일어났을 때 최초의 괴로움을 극복하기만 한다면 사람은 타고난 기질 때문에 즐거움이나 기쁨에 장시간 잠겨 있을 수 없다는 점을 일깨워준다.

깊은 슬픔 또는 기막힌 기쁨이라도 좋다. 이런 것이 찾아온 순간 우리는 강렬한 감각에 엄습 당하게 마련이고, 이런 종류의 감각은 원래 환상 위에 서 있는 만큼 이내 소멸해버린다. 그럴 수밖에 없는 것이 이런 종류의 감각은 현재의 괴로움이나 즐거움 때문에 생기는 것이 아니라, 이들 괴로움이나 슬픔 속에서 예상되는 새로운 미래에 의해 환기(喚起)되는 것이기 때문이다. 즉, 깊은 슬픔이나 기막힌 기쁨은 미래와의 관련성 때문에 이상할 정도로 강하게 느껴지지만, 그리 오래가지는 않는다.

구체적으로 설명하자면, 우선 인간의 명랑함이나 비애는 외적인 상황, 즉 재산이나 계급에 의해 결정되는 것이 아니다. 부자뿐 아니라 가난뱅이에게서도 명랑한 얼굴 표정을 충분히 찾을 수 있기 때문이다.

다음으로 사람을 자살로 몰아넣는 동기는 그야말로 각양각색이다. 우리는 이 정도면 누구나 자살할 것이라는 큰 불행도, 이 정도면 자살을 안 할 것이라는 작은 불행도 분명히 구분할 수 없다.

우리가 가지는 명랑함이나 비애의 정도는 늘 같다고 할 수 없으며, 이는 우리 내부의 모습과 육체적 상황에 따라 정해진다고 볼 수 있다. 하지만 우리의 기분이 무척 좋아져서 그야말로 환희의 감정이 생겼다고 해도 이는 결코 외부의 원인으로 생겨난 것이 아니기 때문에 문제가 있다. 우리는 일정한 외적 관계에 의해서만 괴로움이 생기고, 이것으로 말미암아 눈에 띄게 우울해지고 비애에 잠기는 상황을 잘 알고 있다. 그래서 우리는 이 상황만 끝나면 틀림없이 대단한 만족감이 밀려올 것이라고 믿는다. 하지만 이것은 환상이다.

앞에서 말한 가설에 따르면, 인간의 괴로움과 행복의 양은 주관적으로 징해시벼, 비애를 일으키는 외적 동기는 육체에 대한 발포약(發泡藥)과도 같다. 이 약은 몸의 곳곳에 분산해 있는 고통의 물질을 한 군데로 집중시킨다. 지금 우리의 내부에 자리 잡고 앉아서 좀처럼 움직이지 않는 고통은 만일 일정한 괴로움의 외적 원인이 없었다면 엄청난 수로 분해되어, 우리가 당장은 못 보고 지나치게 되는 불쾌감이나 우울함 따위의 형태로 나타날 것이다.

앞서 언급했듯이, 우리를 마구 괴롭히던 근심거리가 마음에서 제거된다고 해도 이내 다른 근심거리가 찾아든다. 근심거리들은 사실 전부터 있던 것들이지만, 우리의 의식을 어지럽히지는 않았다. 왜냐하면 인간이나 동물이 괴로움을 느끼는 능력은 이런 것까지 일일이 신경 쓸 여력이 없을 뿐만 아니라, 암흑의 영상으로 존재하는 근심거리의 소재는 지평선 끝에 머물러 있기 때문이다. 그런데 고뇌를 위한 빈자리가 생겨버리면 이 근심거리는 이내 괴로움의 재료로 등장하여 현재의 지배적인 관심을 받는 왕좌에 오르는 것이다. 사실 이 새로운 근심거리도 내용으로만 본다면 이전의 최대 관심사에 비해 별로 대수롭지 않다. 하지만 새로운 근심거리는 느닷없이 거대한 고통의 모양으로 나타나기 때문에 이전의 관심사와 마찬가지로 중요한 것이 된다. 그래서 새로운 근심거리가 현 시점의 관심사 측면에서 왕좌를 차지하는 것이다.

과도한 기쁨과 격렬한 괴로움은 늘 같은 인물 안에서 등장한다. 왜냐하면 양자는 번갈아 상대방을 견제할 뿐 아니라 정신 활동이 활발한 경우에만 나타나기 때문이다. 앞서 말한 것처럼 과도한 기쁨과 격렬한 괴로움은 순전히 현재의 상황에 의해서가 아니라 미래를 예상하는 데서 생긴다. 그런데 고통은 삶에서 본질적인 것이고 고통의 정도는 주관에 의해 규정되는 만큼, 외적인 상황 변화가 갑자기 일어난다고 해서 개인이 느끼는 괴로움의 정도가 달라지는 일은 없다.

그렇기 때문에 지나친 환희는 실제로 만날 수 없는 그 무엇인가를 삶 속에서 찾아냈다는 미망(迷妄)에 바탕을 두고 있다. 즉, 마음을 어지럽히는 바람 혹은 관심을 지속적으로 만족시킬 수 없다는 그릇된 생각에 바탕을 두고 있는 것이다. 물론 나중에라도 이런 종류의 헛된 꿈에서 깨어나지만, 꿈에서 깨고 난 뒤에 미망이 생길 경우에는 컸던 기쁨만큼이나 심한 고통에 의해 그것을 청산하지 않을 수 없게 된다.

스토아학파의 윤리학에서 가장 중요한 문제로 삼고 있는 점은 사람의 마음을 미망과 그 결과로부터 해방함으로써 흔들림 없는 차분함을 갖게 하는 것이다. 그러나 모든 사람은 괴로움이 삶의 본질인 이상 외부로부터 흘러들어오는 것이 아니며, 그 마르지 않는 원천을 쓴 약처럼 자신의 내부에 안고 있다는 인식에 눈을 감는다.

오히려 우리는 잠시도 곁을 떠나지 않는 고통에 대해 늘 외적인 원인, 이를테면 핑계가 될 만한 것을 찾는다. 이는 자유를 구속당하지 않은 사람이 주인을 섬기겠다며 우상을 만들어내는 것과 같은 이치다. 즉, 우리는 싫증도 안 내고, 욕망에서 욕망으로 건너다니며, 어떤 일에는 만족하는 법이 없고, 부끄러운 미망이었다는 사실이 밝혀졌을 때도 스스로가 다나오스의 물통(다나오스의 딸이 남편을 살해한 벌로 구멍 뚫린 물통으로 끝없이 물을 퍼야 했다는 그리스 신화에서 유래)으로 물을 긷고 있다는 사실을 모른 채 여전히 새로운 욕망을 추구하고 있는 것이다. 그렇기에 우리는 끝없이 욕망에 쫓기고, 만족할 수 없는 욕망에 부딪히며, 결코 그것을 버릴 수가 없다. 말하자면 우리는 찾아온 것을 만나는 것이다. 즉, 괴로움의 원천으로서 우리 자신의 본질 대신 내세울 수 있는 것이 바로 이것이다.

우리는 존재에 있어서 괴로움은 본질적인 것이며 참된 만족은 불가능하다는 인식에서 한 발짝 물러섬으로써 비록 운명과는 불화를 일으키지만, 대신 우리의 존재와는 화해를 하게 된다. 이런 종류의 사고방식이 발전하면 결국 우울함이 생겨난다. 우울함에 잠겨 있는 동안 우리는 늘 괴로움을 겪기 때문에 다른 작은 고통이나 기쁨은 하찮다고 생각한다. 이런 태도는 세상에서 흔히 찾아볼 수 있으며, 하나의 환영에서 또 다른 환영을 좇는 태도보다 훨씬 위엄을 갖추고 있다.

삶

사람들이 살아가는 모습을 보라. 역사가 사람들에게
보여주는 것은 주로 전쟁이나 반란이다. 평화는 우연
히 찾아온 잠시의 휴식 기간이며, 막간을 이용한 연
극에 지나지 않는다. 개인의 일생 역시 끊임없는 투
쟁의 연속이다. 인간은 곳곳에서 적을 발견하고, 휴
전 없는 싸움으로 무기를 손에 든 채 죽어간다.

행복은 망상의 산물

인간의 삶에서 전반부는 행복에 대한 갈망으로 가득 차 있지만, 후반부는 하나의 참혹한 두려움에 사로잡혀 있다. 즉, 인간은 누구나 생애의 후반부에 접어들면, 정도의 차이는 있어도, 모든 행복은 오직 망상의 산물에 불과하며 괴로움만이 실재한다는 사실을 깨닫게 된다. 따라서 총명한 사람들은 강렬한 향락보다 차라리 고통이 없기를 바라며, 조금이라도 재난을 피할 수 있는 입장에 서려고 한다.

나도 젊었을 때는 초인종 소리만 들려도 기분이 좋아서 "우와! 좋은 일이 있으려나 봐"라며 반가워했지만, 나이를 먹고 인생의 참된 모습을 안 뒤부터는 초인종 소리에 두려움이 생겨 "아! 무슨 불길한 일이 생기는 건 아닌가?"라고 중얼거리게 되었다.

삶은 투쟁의 연속

모든 불행과 괴로움에 가장 효과적으로 대처하는 방법은 자신보다 더욱 비참한 사람들을 바라보는 일이다. 이는 누구나 해볼 수 있는 방법이다. 그런데 만일 우리 모두가 이 방법을 실천한다면 어떤 결과가 생길까? 도살자가 눈독을 들이고 있는 줄도 모르고 목장에서 유유히 뛰노는 양 떼를 생각해보라! 우리도 이 양 떼와 똑같은 입장이 될 것이다. 즉, 지금의 행복에 취한 우리는 앞으로의 운명에 어떤 재앙이 있을지 전혀 모르는 것이다.

사람들이 살아가는 모습을 보라. 역사가 사람들에게 보여주는 것은 주로 전쟁이나 반란이다. 평화는 우연히 찾아온 잠시의 휴식 기간이며, 막간을 이용한 연극에 지나지 않는다. 개인의 일생 역시 끊임없는 투쟁의 연속이다. 인간은 곳곳에서 적을 발견하고, 휴전 없는 싸움으로 무기를 손에 든 채 죽어간다.

생물의 삶

동물은 모두가 먹이를 쫓는 존재인 동시에 쫓기는 먹이이기도 하다. 따라서 동물의 생활은 고행, 결핍, 곤궁, 불안, 울부짖음으로 설명될 수 있다. 이것은 지구가 뒤집어지지 않는 한 계속될 것이다.

먹이를 쫓는 존재이자 쫓기는 먹이

우선 수없이 많은 동물의 계통을 생각해보자. 그리고 성질이나 생활 방법에 따라 다른 모습을 지닌 동물들을 관찰해보자. 또한 동물의 각 개체가 결코 흉내 낼 수 없는 방법으로 자신의 집을 만들고 생활하는 모습을 조사해보자. 그리고 어떤 동물이든 살아가기 위해서 믿을 수 없을 정도의 에너지와 기교, 지혜와 활동을 다하고 있는 모습도 살펴보자. 여기에서 좀 더 깊은 연구를 통해, 예를 들어 작고 약한 개미가 쉬지 않고 활동하는 모습, 벌의 놀라울 만큼 예술적인 작업 또는 작은 벌레가 자기 몸의 40배나 되는 두더지의 몸에 알을 까고 장래의 유충에게 먹을 것을 확보해주고자 이것을 2일 동안 땅속에 파묻는 모습도 살펴보자. 이때 벌레의 생활은 장래의 유충에 먹을 것과 잠자리를 제공해주고자 쉼 없이 일하는 것 이외에는 없으며, 이 유충도 자라면 자신의 부모가 했던 것과 똑같은 노동을 되풀이한다는 사실을 마음에 새겨두자. 이와 마찬가지로 새들은 대부분의 시간을 먼 거리를 고생해서 날아다니는 일과 둥지 만들기, 어린 새끼들을 위한 먹거리 운반하기 등으로 소비한다는 것, 어린 새도 자라면 어미 새와 같은 일을 되풀이한다는 사실을 잊지 말자.

이러한 관찰 뒤에 우리는 동물들이 이렇듯 끊임없이 노력하면서 도달하고자 하는 목적이 무엇인지를 생각해봐야 한다. 도대체 이런 일을 통해 동물은 무엇을 얻는가? 이루 헤아릴 수 없을 정도로 힘든 동물의 삶에서 무엇이 어떻게 얻어지는가? 이 질문에 대한 대답으로 들을 수 있는 것이라고는 굶주림, 교미, 욕구, 충족, 무한한 괴로움과 노력 사이에 이따금 주어지는 순간적인 사소한 즐거움뿐이다. 동물들의 생존 방식에 비해 이 얼마나 빈약한 목적인가! 이런 점에서 본다면 삶이란 투자한 비용에 비해 수입이 훨씬 적은 사업이다.

예를 들어, 피로를 모르는 동물인 두더지를 생각해보자. 몸에 비해 유난히 큰 삽처럼 생긴 앞다리로 열심히 구멍을 파는 것, 이것만이 두더지가 생애 동안 하는 활동이다. 그렇다면 두더지는 이토록 고생스러운, 기쁨 없어 보이는 생활을 통해 무엇을 얻을까? 두더지가 얻는 것이라고는 단지 먹이와 교미뿐이다. 즉, 새로운 개체에서 똑같은 인생 코스가 시작되고 속행되는 수단만 얻을 뿐이다. 이렇듯 삶의 노력 및 괴로움과 삶의 수확 및 이익 사이에는 하등의 관계가 없다. 특히 장님인 두더지의 생활은 제아무리 완성된 조직을 가지고 쉬지 않고 일했다고 해도 자식을 만들고 굶주림을 해결하는 두 가지 일에 한정될 수밖에 없다.

인간의 손이 닿지 않는 동물 세계의 아름다운 모습이나 자연이 동물에게 가하는 괴로움에 대해서는 자연과학자인 훔볼트의 《자연의 풍경》을 보라. 이 책에는 자기 자신과 싸우고 있는 인류에 대한 언급도 포함되어 있다.

동물은 모두가 먹이를 쫓는 존재인 동시에 쫓기는 먹이이기도 하다. 따라서 동물의 생활은 고행, 결핍, 곤궁, 불안, 울부짖음으로 설명될 수 있다. 이것은 지구가 뒤집어지지 않는 한 계속될 것이다.

홈볼트는 이전에 자바에 있었을 때 넓은 들판이 뼈로 뒤덮여 있는 광경을 보고 그곳이 싸움터였으리라고 생각했다고 한다. 그런데 알고 보니 그 뼈는 길이 5피트 폭 3피트인 커다란 거북의 것이었다. 알을 낳으려고 바다에서 올라온 거북은 들판을 지나는 순간 들개들의 습격을 받았다. 들개들은 힘을 합쳐 거북을 뒤집어놓고 산 채로 잡아먹었다. 때로는 들개들에게 호랑이가 덤벼드는 일도 있었다. 도대체 이런 비참한 광경이 얼마나 수없이 되풀이되었겠는가? 동물들은 어떤 죄를 저질렀기에 이런 괴로움을 당해야 하는가? 무엇 때문에 이 잔인한 광경이 되풀이되어야만 하는가? 이에 대한 대답은 오직 하나, 삶으로서의 의지가 객체화하기 때문이다. 삶으로서의 의지가 객체화한 것은 곳곳에서 뚜렷이 파악되고 관찰된다. 이로 인해 우리는 그 본질과 세계 자체를 이해할 수 있는 것이다. 하지만 일반적 개념을 만들고자 트럼프로 집을 지을 수는 없지 않은가! 삶으로서의 의지가 객체화하는 장대한 드라마를 파악하고 특색을 이해하기 위해서는 이 세계에 신이라는 이름을 부여하거나 '타존재(他存在)에 있어서의 개념' 따위를 끌어내 세계를 해명하는 것보다 엄밀한 관찰과 상세한 탐구가 더욱 필요하다.

갖가지 체계가 모두 아류와 분파에 불과한 범신론(汎神論) 또는 스피노자주의에 따른다면, 현실에 존재하는 만물은 끝없이 악전고투할 뿐이며 이 상태를 영원히 계속해나갈 것이 뻔하다. 그 이유는 세계는 유일한 신이고, 이 이상의 선한 것은 생각할 수도 없기 때문이다. 따라서 세계로부터의 해탈은 필요하지 않으며, 해탈 자체도 없다.

하지만 '무엇 때문에 이 세상에 온갖 희비극이 되풀이되고 있는가?'라는 물음에 대답을 내놓기란 그리 어려운 일이 아니다. 즉, 극장에 관객이 없으면 배우들은 가끔 사소한 즐거움에 잠기기도 하지만 무한한 괴로움을 좀 더 잘 견뎌야 하는 상황이기도 하기에 희비극이 되풀이되는 것이다.

인류의 경우는 사정이 한층 더 복잡하고 특유의 위엄을 갖추고 있다. 그래도 근본적인 성격에는 조금도 변함이 없다. 즉, 인류에게도 삶은 결코 즐기기 위한 것이 아니며, 있는 힘을 다해서 일을 계속해야 한다는 따분한 과제가 안겨져 있다. 따라서 신분이나 체력의 차이를 막론하고, 모든 사람은 몸과 마음을 다해 끊임없이 일하고, 재난과 맞닥뜨리며, 쫓김을 당하고, 투쟁으로 지새우며, 하기 싫은 일을 해야 한다.

자기만족을 가진 몇백만의 사람은 공동의 복지를 위해 노력하고 있고, 또 개인은 자신의 행복을 위해 혈안이 되어 있다. 하지만 그 사이에서 몇천 명이 희생양으로 쓰러져간다. 바보스러운 망상 혹은 궁리하여 만들어낸 정책에 따라 그들은 전쟁을 한다. 이렇듯 단 한 사람의 아이디어를 실행하거나 그 사람의 실패를 보상하기 위해 숱한 사람이 피와 땀을 흘려야 하는 것이다. 평화가 유지될 때는 상공업이 번성하고, 놀라운 발견이 이루어지며, 항해가 촉진됨으로써 세계 반대편에서 달콤한 음식물이 수송되고, 그 결과 몇천 명의 사람이 서로 정보를 주고받기에 이른다.

누군가는 생각에 골몰하고, 또 누군가는 행동이 앞선다. 모든 인간이 활동하는 모습이 얼마나 소란스러운지는 이루 형용할 수조차 없다. 그렇다면 이 모든 것의 최종 목적은 도대체 무엇이란 말인가? 덧없이 고뇌하는 사람은 그것으로 단기간의 생활을 유지하고, 행운아는 덤벼드는 재난을 참아내면서 비교적 고통을 덜 느끼며 살아가는 것이 목적이다. 그러나 우물쭈물하는 사이에 곧 지루함이 몰려와서 다시금 종족 및 자신의 생활 유지에 정신없이 덤벼든다.

이렇게 쏟아붓는 노력과 그에 따르는 보상의 명백한 불균형을 보면, 삶에 대한 의지는 모든 살아 있는 존재가 가치 없는 물건을 얻기 위해 온 힘을 기울이고 있는 모습, 즉 객관적으로 보자면 우둔, 주관적으로 보자면 미망으로 나타난다. 그러나 좀 더 상세히 관찰해보면 삶에 대한 의지는 오히려 맹목적 충동, 즉 근거 없는 동기조차 전혀 찾아낼 수 없는 충동임을 알 수 있다.

죽음

우리가 행복을 누리려면 좀 더 좋은 세계로 옮겨가는
것으로는 충분치 않으며, 우리를 완전히 개조해 지금
과는 전혀 다른 존재가 되어야 한다. 그리하면 사람
은 지금과는 전혀 다른 개성을 가지게 될 것이며, 그
예비적 단계는 바로 죽음이다.

생명의 탄생

죽음 뒤의 일에 대해 어떤 형이상학적 위안도 받지 못한 사람도 물질이 영속된다는 사실을 생각한다면, 거기서 일종의 불멸관(不滅觀)을 얻어 위안받을 것이다. 물론 그들은 "뭐? 한낱 티끌이나 물질이 영원히 존속한다고? 인간의 영생이 이 정도에 불과한 거야?"라고 물을 수도 있다. 하지만, 잠깐! 그들은 티끌에 대해 얼마나 알고 있는가? 티끌이 무엇인가? 또한 그 티끌이 무엇을 할 수 있다고 보는가?

한낱 티끌이나 재에 불과한 물질은 물에 녹아서 결정체가 되기도 하고 또는 금속이 되어 빛을 내기도 하며 전광을 비추기도 하고 또는 식물이나 동물이 되기도 한다. 결국 그 불가사의한 품 안에서 인간의 생명까지 탄생하는 것이다. 이러한 물질로 존속한다는 사실이 과연 아무런 의미도 지니지 않는 것일까?

서툰 실험

자살은 일종의 실험이다. 인간이 자연에게 질문을 제기하고, 그 대답을 강요하는 일종의 과제라고 볼 수 있다. 이때의 질문은 인간의 존재와 인식이 죽음에 의해 어떻게 변화하는지를 알아보는 것이다. 그러나 이는 서툰 실험이다.

모든 기능의 움직임이 멈춘다는 것

사람마다 지니고 있는 개성은 그 의의와 가치가 부족하고 측은한 만큼 죽음으로 인해 잃어버릴 만한 것은 단 하나도 없다. 사람에게 어떤 참된 가치가 있다면 그것은 모든 사람에게 공통된 인류의 특질이며, 이러한 특질은 개인의 죽음에 의해 침해되지 않는다. 따라서 영원한 생존은 인류에게서 기대되는 것이지, 결코 개인에게서 기대되는 것이 아니다. 설령 한 사람 한 사람에게 영원한 생명이 주어졌다고 해도 사람의 성격은 변하지 않을뿐더러 낮은 지능도 그대로 유지될 것이다. 이런 상태로 영원히 살아간다면 사람은 오히려 적막하고 단조로운 삶에 염증을 느껴 거기서 벗어나고자 자살을 할 것이다.

대다수의 사람, 아니 모든 사람은 자신이 꿈꾸는 어떤 세계에 살더라도 절대로 행복해질 수 없다. 다시 말해, 불행이나 고난이 없는 세계에 살더라도 그들은 권태의 포로가 될 것이고, 이 권태에서 벗어나면 그 정도에 따라 불행이나 고뇌에 빠지고 말 것이다. 따라서 우리가 행복을 누리려면 좀 더 좋은 세계로 옮겨가는 것으로는 충분치 않으며, 우리를 완전히 개조해 지금과는 전혀 다른 존재가 되어야 한다. 그리하면 사람은 지금과는 전혀 다른 개성을 가지게 될 것이며, 그 예비적 단계는 바로 죽음이다.

이러한 견지에서 본다면, 죽음에는 도덕적 필요성이 있다. 또한 사람이 다른 세계로 옮겨간다는 것과 자기 자신을 완전히 개조한다는 것은 근본적으로 같은 의미다. 죽음은 개체적 의식을 가져오는 것이다. 그러므로 이와 같은 의식이 죽은 후에도 다시 점화되어 무한히 존속된다는 희망은 정당하지 않다. 만일 그리 된다고 해도 영원히 지속되는 의식의 내용은 빈약하며, 낮고 천한 사고와 걱정 이외에는 아무것도 없을 것이다. 결국 개체의 의식은 죽음으로 영원히 끝장을 봐야 한다. 생활과 관련한 모든 기능의 움직임이 멈춘다는 것은 힘에 대한 부담을 덜어준다는 의미다. 죽은 사람들의 얼굴에 깊은 안식이 충만해 있는 것도 이 때문이다.

자연의 가르침

생존이라는 한 토막에 놓인 앞뒤의 시간은 얼마나 무궁무진할까? 가을에 곤충의 세계를 관찰해보면, 어떤 놈은 긴 동면을 위해 잠자리를 마련하고, 어떤 놈은 그냥 한겨울을 지내고 봄에 원래대로 살아가기 위해 껍질을 만든다. 하지만 대다수의 곤충은 죽음의 팔에 안겨서 적당한 장소에 알을 낳는 것으로 만족하고, 이 알에서 다시 새로운 벌레로 재생하려고 한다. 이는 모두가 자연이 주는 변함없는 가르침이다. 곤충이 애써 둥지나 굴을 만들고, 봄에 태어날 유충을 위해 먹이를 장만한 뒤 안심하고 죽어가는 것은 마치 인간이 내일을 위해 옷과 식량을 마련하고 편히 잠자리에 드는 것과 같다. 늦가을에 죽는 곤충이 봄에 태어나는 유충과 동일한 존재가 아니라면, 이런 식으로 죽음 다음의 일을 준비하지는 않을 것이다.

인간은 자연의 일부분

생사(生死)라는 말의 유희(遊戱), 이것보다 더 큰 승부가 어디 있는가? 우리는 모든 것이 삶과 죽음에 관련되어 있다고 보기 때문에 긴장과 불안에 휩싸인 채 이 하나하나의 승부를 주시하곤 한다. 그런데 절대 거짓이 없고, 솔직하고, 개방적인 자연은 이에 대해 전혀 색다른 의미를 가르쳐준다. 즉, 자연은 개체의 삶과 죽음에는 전혀 관심이 없다고 말한다.

그 증거로, 당신이 걷고 있는 길 위를 기어가는 벌레를 보라! 당신의 발이 한 발짝만 어긋나도 그 벌레는 생사를 달리하는 것이다. 나뭇가지에 붙어 있는 달팽이를 보라! 달팽이는 도망갈 수도, 몸을 숨길 수도, 거처를 속일 수도 없는 몸으로 모든 적의 희생양이 되고 있다. 깨끗한 개울물에서 손에 잡힐 듯 유유히 꼬리치고 있는 물고기들을 보라! 몸이 둔해서 도망칠 수 없는 두꺼비, 높은 하늘에서 솔개가 노리고 있는 줄도 모르는 어린 새, 숲속에서 늑대에게 발견된 산양 등 모든 희생양은 연약한 데다 무기가 없기에 수시로 닥쳐오는 위험을 바라보면서도 아무렇지 않은 듯 살아가고 있는 것이다.

이렇듯 자연은 대단히 정교한 피조물인 유기체를 저항할 힘

없는 알몸으로 내버려둔 채 좀 더 강한 자의 먹이가 되게 할 뿐 아니라, 길을 지나는 바보들이나 아이들에게 희롱의 대상이 되도록 놔둔다. 여기에는 그 생물의 죽음이 자연에는 무의미하고 아무런 영향도 미치지 않으며, 자연은 그 생물의 삶이라는 원인과 죽음이라는 결과에 전혀 신경 쓰지 않는다는 간명하고도 신성한 언사가 담겨 있는 것이다.

이처럼 자연이라는 우주의 어머니는 자기 자식을 수많은 위험과 난간 앞에 내버려두는데, 이는 결국 그들이 죽더라도 자기의 품 안으로 되돌아오게 되며, 그들의 죽음은 원래 태어난 고장으로 되돌아가는 유희, 즉 하나의 조그마한 손장난에 지나지 않는다는 사실을 잘 알고 있기 때문이다.

지금까지의 이야기는 우리 인간에게도 해당된다. 즉, 자연의 엄격한 권위가 인간에게도 미치고 있으며, 인간의 생사는 자연에 아무런 타격도 주지 않는다. 그러므로 우리도 죽음으로 인해 상심할 필요가 없다. 왜냐하면 우리도 실은 자연의 일부분이기 때문이다.

생성(生成)

밤이 오면 이 세계는 비록 시야에서 사라져가지만 결코 존재하기를 멈추지 않는 것과 마찬가지로, 인간이나 동물도 죽음에 의해 소멸된 것 같지만 그 참된 본질은 아무런 방해도 받지 않은 채 존속한다.

죽음이나 부패와의 공존

생성과 멸망은 결코 사물의 본질을 이루는 요소가 아니다. 사물의 본질은 생성과 멸망의 영향을 전혀 받지 않으며, 영원불멸하다.

생존을 바라는 것은 모두 현실적이고 지속적이다. 하지만 '종말은 없다'는 사상처럼 저항할 수 없는 힘으로 육박해오는 것도 없다. 이 사상에 따르면, 어떤 시점을 취하든 무릇 모기에서 코끼리에 이르는 모든 동물은 종족에 관계없이 모두 공존하는 셈이다. 이들 동물은 이미 몇천 번씩 경신되었으며, 동일한 모습으로 머물러 있다. 그들은 자신들이 태어나기 전에 있었던 전세대나 자신들이 죽은 후에 나타나는 후세대에 대해서 전혀 모른다.

시대를 거슬러 삶을 계속해서 이어가는 것은 종족뿐이다. 종족은 결코 멸망하는 법이 없다. 개체는 자신들이 종족과 똑같다는 의식을 가지고 있기 때문에 힘차게 살아갈 수 있다.

삶의 의지는 무한의 현재 속에서 본질 혹은 본체의 바깥으로 나타나는 상(像)이다. 이 무한의 현재야말로 종족이 가지는 삶의 형식이며, 이로 인해 결코 노화하지 않은 채 늘 젊디젊은 상태로 있는 것이다. 무한한 현재에 있어서의 죽음은 개인에게 있어서의 눈 깜박거림과 비슷하다. 인도의 신들은 인간의 모습을 할 때 눈을 깜박거리지 않는 것으로 자신들이 신임을 드러냈다.

밤이 오면 이 세계는 비록 시야에서 사라져가지만 결코 존재하기를 멈추지 않는 것과 마찬가지로, 인간이나 동물도 죽음에 의해 소멸된 것 같지만 그 참된 본질은 아무런 방해도 받지 않은 채 존속한다.

여기에서 무한의 속도로 진동하는 죽음과 탄생의 교체를 생각하면, 마치 폭포에 걸리는 무지개처럼 사물의 본질에서 지속적 이념인 의지의 객체화가 엄연히 존재한다는 사실을 이해할 수 있을 것이다. 이것이야말로 시간상의 불사(不死), 바로 그것이다.

죽음과 부패가 몇천 년이나 쌓여봤자 사라지는 것은 하나도 없다. 물질의 원자는 물론이고 그 내적 본질도 전혀 사라지지 않는다. 따라서 우리는 매 순간마다 힘차게 "죽음이나 부패에도 불구하고 우리 모두는 공존하고 있다"고 외칠 수 있다. 또한 언젠가는 "나는 이제 그런 것도 바라지 않는다"라며 불사의 희롱을 향해 진심으로 소리치는 사람도 있을 것이다. 그러나 여기에 대해서는 아직 말할 단계가 아니다.

ARTHUR

SCHOPENHAUER

제2부
행복과 사랑

행복

인간의 행복과 쾌락은 객관적이기보다 주관적이다. 주관이 더 많은 비중을 차지한다는 사실은, 배가 고 프면 반찬이 좋든 나쁘든 상관없이 밥을 맛있게 먹는 다든지, 젊은이라면 누구나 호감을 가지는 아름다운 아가씨가 노인에게는 아무렇지 않아 보인다든지, 천 재 또는 성자(聖者)가 독특한 말과 행동을 보인다든 지 하는 점에서 입증된다.

행복과 불행의 시발점

아리스토텔레스는 인생의 행복을 사회적 행복, 정신적 행복, 육체적 행복으로 구분했다. 나는 이 세 가지를 바탕으로, 인간의 운명에 차이를 가져오는 근본적인 요소를 다음과 같이 구분했다.

- 참된 자아(自我) – 넓은 의미의 인격. 건강, 체격, 체력, 용모, 성격, 품성 및 여러 이성과 지혜 등을 포함.
- 물질적 자아 – 모든 소유물.
- 사회적 자아 – 다른 사람의 눈에 비치는 '자아(인간과 접촉하는 자아)'. 즉, 다른 사람의 머릿속에 깃들어 있는 자아로서 자신의 명예, 지위, 명성 등을 포함.

참된 자아는 자연의 손에 의해 직접 결정된 것으로, 행복과 불행에 대한 참된 자아의 영향력은 인내력으로 결정지을 수 있는 물질적 자아나 사회적 자아보다 더욱 근본적이고 강력하다. 아닌 게 아니라 귀족이나 왕족, 부호 같은 사회적 특권과 위대한 정신이나 품성 같은 순수한 인격적 특권과의 관계는 마치 무대 위의 가짜 황제와 실제로 존재하는 진짜 황제의 관계와 같다. 에피쿠로스 학파의 4대 구성 일원이었던 그리스 철학자 메트로도로스는 자신의 저서에서 '우리의 행복에 도움이 되는 것은 대부분 사물에서보다는 우리 자신에서 비롯된다'라고 서술했다

사실 인간의 행복, 더 나아가 인간의 모든 생활에서 가장 중요한 것은 자기 자신 속에 깃들어 있으며, 또한 그 안에서 비롯된다. 즉, 인간의 참된 행복이나 불행은 결국 자기 자신의 감수성, 의욕, 사고 등의 종합적 결과이며, 외부의 영향력은 매우 사소하고 간접적이다. 따라서 행복과 불행은 근본적으로 자신의 됨됨이와 경험에서 비롯된다고 할 수 있다. 우리 모두는 외부에서 일어나는 같은 사건을 각자 다르게 느끼며, 또한 동일한 환경에서도 다르게 살아가고 있다. 즉, 자기 자신의 생각, 느낌, 의지의 작용만이 삶을 살아가는 데 결정적 요건이며, 외부 세계의 사물은 간접적으로만 영향을 미칠 뿐이다. 다시 말해 '주관'의 작용에 따라서 하나의 것이 빈약하고 공허하고 평범한 것으로 보일 수도 있고, 반대로 풍부하고 다채롭고 의미심장한 것으로 보일 수도 있다는 것이다.

이 사실을 입증하는 가장 좋은 예로 괴테나 바이런의 시를 들 수 있다. 그들이 시에 사용한 소재는 현실에서 흔히 볼 수 있는 것들이다. 하지만 둔한 독자는 이 시인들이 뛰어난 관찰력이나 상상력을 동원해 일상적으로 일어나는 사건들에서 아름다운 시의 소재를 발견했다는 사실을 저버리고, 오직 그들만이 이러한 시적인 사건과 맞닥뜨렸다고 생각한다. 이와 같은 이유에서, 우

울한 사람은 곳곳에서 비극만을, 명랑한 사람은 희극만을, 무관심한 사람은 무미건조한 광경만을 보게 되는 것이다.

이러한 일이 일어나는 이유는 물이 산소와 수소의 일정한 비율로 만들어진 것과 마찬가지로, 개인의 현실도 객관과 주관의 두 요소로 이루어지기 때문이다. 같은 객관적 요소를 갖추고 있어도 개인의 주관이 다르면 현실의 성격은 전혀 다른 것이 되어 버린다. 즉, 가장 아름답고 이상적인 객관이라도 주관이 어리석고 추하다면 현실은 초라하게 나타나는 것이다. 이는 마치 날씨가 나쁠 때 좋은 전경을 바라보거나, 변변치 않은 사진기로 촬영을 하는 것과 같다.

인간은 저마다 외피에 쌓여 있는 동시에 자신의 의식 속에 갇혀 있으며, 이것으로부터 잠시도 탈출할 수 없다. 따라서 외부의 작용은 거의 아무런 효과도 없다고 보면 된다. 극장에 가면 배우들 중 어떤 사람은 왕후를, 어떤 사람은 고문관을, 또 어떤 사람은 머슴을, 사병을, 장군을 연기하지만 이런 인물들은 단지 껍데기에 불과하며 실제로 그들은 배우라는 자신의 본질에 의존하고 있을 뿐이다.

인생도 마찬가지다. 즉, 지위와 재산의 차이는 인간에게 각각 다른 역할을 맡게 하지만, 이 역할 때문에 행복의 차이가 심해진다거나, 실제적으로 인간적인 차이가 생기는 것은 아니다. 인간을 배일히에 드러내놓고 보면 누구나 한결같이 가련한 한계를 가진다. 그리고 고뇌의 정도는 날마다 다르지만 그 기본적 실체는 거의 동일하다. 고뇌의 정도 차이는 결코 지위나 재산의 차이에서 오는 것이 아니다. 인간이 저지르는 모든 일은 당사자의 의식에 나타나는 사실 사건이므로, 의식 자체의 차이가 근본 요인이라고 할 수 있다. 즉, 의식에 작용하는 외부 세계의 형태보다 의식 자체가 결정적 역할을 하는 것이다. 예를 들어, 아무리 화려하고 즐거운 것이라도 우둔한 사람의 흐린 의식에 비치면 곧 빈약해지고 만다. 세르반테스는 매우 명석한 두뇌를 갖고 있었으므로 비참한 수감 생활 중에도 흥미진진한 소설《돈키호테》를 쓸 수 있었다.

현실의 객관적인 면은 운명의 손에 달려 있으므로 변하기 쉽다. 그러나 주관적인 면은 바로 우리 자신이므로 대체로 변하지 않는다. 그러므로 인간의 한평생은 외부의 영향으로 여러 변화를 겪더라도 언제나 동일한 특징을 갖게 마련이다.

사람은 누구나 자신의 개성에서 멀어질 수 없다. 동물에게 어떤 환경을 조성해준다고 해도, 즉 우리가 개나 고양이를 아무리 행복하게 해주려고 해도 그들의 본성과 의식에는 일정한 한계가 있기 때문에 우리도 제한된 범위 안에서만 그들을 귀여워할 수밖에 없다. 인간의 경우도 개인이 누리는 행복의 최대치는 각자의 개성에 의해 결정되며, 최상위의 쾌락을 맛볼 수 있는지의 여부 역시 각자의 정신 능력에 의해 결정된다. 따라서 정신적 측면이 빈약하다면 외부적인 모든 시도나 타인, 운명의 모든 도움도 별 영향력을 행사하지 못한다. 즉, 그들은 육체적 쾌락이나 평범한 가정생활 또는 유치한 사교 등이 가지는 선천적 한계를 넓힐 만한 힘이 없는 것이다. 왜냐하면 가장 고상하고 복잡하고 오래 지속되는 쾌락은 소수의 몇몇 사람에게만 허용되는 정신적 쾌락이며, 이러한 쾌락은 이를 받아들일 만한 선천적 정신 능력이 존재해야만 비로소 느낄 수 있기 때문이다.

이것으로 인간의 행복과 자아 즉, 개성과의 밀접한 관계를 이해할 수 있겠지만, 세상 사람들은 흔히 인간의 운명이나 재물과 명예를 내세운다. 그러나 운명은 갑자기 호전될 수도 있으며, 강한 정신력을 갖춘 사람은 그다지 운명에 기댈 필요를 느끼지 못한다. 이와 반대로 어리석은 사람은 비록 천국에서 아름다운 천사들에 둘러싸여 있더라도, 여전히 우매하고 비참한 졸장부로 남아 있게 마련이다. 이런 측면에서 괴테도 다음과 같이 노래했다.

평민, 농노, 귀족을 가릴 것 없이 어느 때나
뭇사람에게 으뜸가는 행복은 마음속에서 우러나게 마련이니…

인간의 행복과 쾌락은 객관적이기보다 주관적이다. 주관이 더 많은 비중을 차지한다는 사실은, 배가 고프면 반찬이 좋든 나쁘든 상관없이 밥을 맛있게 먹는다든지, 젊은이라면 누구나 호감을 가지는 아름다운 아가씨가 노인에게는 아무렇지 않아 보인다든지, 천재 또는 성자(聖者)가 독특한 말과 행동을 보인다든지 하는 점에서 입증된다. 특히 건강은 행복의 으뜸으로, 건강한 거지는 병든 제왕보다 더 행복하다고 할 수 있다. 즉, 좋은 건강과 체질에서 비롯되는 명석하고 침착한 성격, 쾌활하고 민첩하고 정확한 지능, 건전한 의지 및 이에 따르는 선량한 양심은 어떠한 지위나 재물과도 바꿀 수 없는 것이다.

또한 정신적으로 풍족한 사람은 제아무리 고독한 곳에 간다고 해도 자신의 사상과 사색에 의해 충분히 기쁨을 누릴 수 있다. 반면 정신적으로 빈약한 사람은 늘 많은 사람과 사교를 맺거나 연극을 보고 여행을 하는 등의 세속적인 향락을 즐겨도 권태가 늘 그림자처럼 따라다닌다. 선량하고 온순하며 절제할 줄 아는 사람은 불우한 처지에서도 만족감을 느끼지만, 욕심과 질투가 넘쳐나는 사람은 아무리 많은 재물을 가졌어도 만족감을 느끼지 못한다.

여기에서 한 걸음 더 나아가, 세상 사람들이 간절히 원하는 것은 대부분 무용지물(無用之物)이며, 이는 정신을 산란하게 만든다. 소크라테스는 골동품 시장을 바라보면서 "나에게 전혀 필요하지 않은 물건이 참으로 많이 쌓여 있구나"라고 말한 적이 있다.

앞서 말한 것처럼, 인간의 참된 자아로서의 인격은 확고부동하며 모든 경우에 한결같이 영향을 미친다. 그것은 물질적 자아나 사회적 자아와는 달라서 운명의 손에 달려 있지 않을 뿐 아니라 남에게 빼앗길 염려도 없다. 따라서 평생의 행복에 있어서 가장 근본적인 요소는 우리의 참된 자아, 즉 인격이라고 할 수 있다. 물질적 자아나 사회적 자아는 상대적 가치를 지니는 데 반해, 인격은 절대적 가치를 가진다. 물론 이 경우에도 시간이 불가항력의 권능을 발휘함으로써 육체적·정신적 특질이 점차 쇠퇴한다. 하지만 골수에 박힌 최고의 도덕적 성격만은 시간이 주는 파멸에도 능히 견디고 시간을 초월하므로 특수한 경우로 간주할 수 있다.

시간의 파괴력을 계산에 넣는다면, 물질적 자아와 사회적 자아의 손에 빼앗긴다고 해도 이는 우리 자신에게 속한 것이 아니므로 인격보다 소극적인 것으로 생각할 수 있다. 그리고 이 요소들은 외부 세계에 속한 객관적인 것인 만큼 노력하면 다시 손에 넣을 수 있다.

반면 주관에 속한 인간의 참된 자아는 시간에 의해 파멸되지 않는 한 인간의 힘으로는 도저히 움직일 수 없으며, 신법(新法)에 의해 부여된 영구불변한 것으로 존속한다. 이에 대한 확고한 진리는 다음과 같은 괴테의 시에서도 찾아볼 수 있다.

그가 태어난 날을 비춘 태양은
하늘의 이치에 따르게 마련이고,
그대 역시 그대를 낳은 운명의 이법(理法)을 좇아
맨 처음 외마디 소리를 지른 그날부터
목숨을 이어왔거늘,
그대는 그대 자신을 벗어날 수 없다.
옛 예언자들도 저마다
그렇게 말했으니,
평생을 살기 위해 운명이 짝지어준 나를

시간도 건드릴 수 없다.

그리고 보면 우리 힘으로 충분히 할 수 있는 일은 자신에게 주어진 '인격'을 잘 활용하는 것이다. 다시 말해 자신의 본성에 알맞은 일을 하도록 노력하고, 이를 북돋아주기 위한 가장 적절한 방법을 취하되 합당하지 않은 모든 방법을 피하는 것, 즉 자신에게 가장 알맞은 지위와 직업과 생활을 선택하는 것이다. 예를 들어, 헤라클레스처럼 강인한 체력을 가진 사람이 어떤 외부적 요인에 의해 집안일을 한다거나, 복잡하고 세밀한 수공업에 종사한다거나, 자신의 재능을 전혀 발휘할 수 없게 된다거나 하면 이는 곧 자신을 죽이는 것과 같은 결과이므로 이런 사람은 평생 동안 불행할 수밖에 없다. 또한 체력보다 지력을 더 많이 타고난 사람이 자신에게 맞지 않는 육체노동을 함으로써 자신의 재능을 발휘할 기회를 얻지 못한다면 그의 불행은 무척 클 것이다. 단, 젊은 시절에는 자만이라는 함정에 빠지지 않도록 주의해야 한다. 그래야 자신이 실제로 가지지 않은 능력을 과신한 나머지 평생 동안 방향을 잘못 잡는 일이 없게 된다.

이와 같이 참된 자아가 신체적 자아나 물질적 자아보다 한층 더 근본적인 요소라면 당연히 재물을 얻는 데 주력하기보다 자신의 건강을 유지하고 두뇌를 발달시키기 위해 노력하는 것이 현명한 행동이다. 그렇다고 어느 정도 필요한 재물을 손에 넣는 것까지 등한시해도 된다는 말은 아니다. 단지 너무 많은 물질적 소득은 우리의 행복에 이바지하는 정도가 매우 적다. 실제로 대부분의 부자는 자신이 불행하다고 생각하고 있을 뿐만 아니라 진정한 의미의 정신적 교양이나 깊은 지식을 갖고 있지 않기 때문에 자신의 정신에 적당한 위안과 도움을 줄 만한 흥미를 발견하지 못한다. 재물은 단지 생활의 욕구를 충족시켜주는 것에 불과하므로, 참된 행복에 미치는 영향은 가히 보잘것없다. 따라서 너무 많은 재물은 자연스럽게 여러 걱정을 야기하므로 오히려 인간의 진정한 내면적 행동을 무너뜨리고 만다.

참된 자아가 인간의 소유물보다 훨씬 더 많이 행복을 좌우한다는 것은 분명한 사실이자 진리지만, 대부분의 사람이 여전히 정신수양보다 재물을 얻는 데 더 큰 노력을 기울이고 있다. 우리 이웃들의 생활 모습을 보라. 저마다 재물을 더 많이 모으기 위해 바쁘게 움직이고, 개미처럼 부지런히 서두르며, 하루 종일 돈벌이에만 매달려 물질 이외의 세계에 대해서는 거의 무감각한 상태에 놓여 있다. 그들은 늘 많은 돈이 들어가는 순간적이면서도 감각적인 향락으로 즐거움을 보충하려고 한다.

물론 이것은 가당치도 않은 일이다. 그들 역시 삶을 끝마칠 때는 다행히 운명의 혜택에 큰 변화가 없다고 해도, 자신들이 애써 모은 황금덩어리를 상속인에게 넘겨주어야 한다. 그러므로 이러한 삶은 아무리 진지하고 호화로웠다고 해도, 실제로는 잃고 빼앗기기 위해 돈을 벌어들인 것에 지나지 않는다. 이는 오랜 세월에 걸친 못난 짓이라는 점에서 미치광이의 삶과 별반 다를 것이 없다.

그런데 행복의 원천인 참된 자아는 곳곳에 있는 듯하지만 좀처럼 찾기가 어렵다. 일반적으로 참된 자아는 손에 잡힐 듯하면서도 쉽게 잡히지 않으며, 대다수의 사람에게는 극히 희미하게 나타나 거의 있는 듯 없는 듯하다. 그래서 일찌감치 생존경쟁에서 승리한 사람이 자신을 돌이켜보면 아직도 의식주를 해결하기 위해 악전고투하는 사람들과 똑같이 행동했던 자신을 발견하게 된다. 그래서 대부분의 사람은 공허한 자아와 단순한 의식 그리고 빈약한 정신의 적막감을 극복하기 위해 다른 사람들과의 친목 도모를 그 해결책으로 삼는다. 하지만 상대방도 머리가 텅 빈 존재라서 함께 노름이나 일삼으면서 온갖 속된 쾌락에 빠져든다. 갑부의 아들이 막대한 유산을 순식간에 탕진하는 일을 흔히 볼 수 있는데, 이러한 엄청난 낭비는 결국 정신적 궁핍과 가난에서 비롯되는 권태의 일종이다. 따라서 이러한 사람들은 겉보기에는 부유한 듯하지만, 내면적으로는 가난뱅이를 면치 못한다. 이들은 모든 것을 오직 외부에서만 얻으려고 한 나머지, 마치 젊은 여자를 가까이함으로써 젊어지려는 늙은이처럼 외부의 부로 내부의 부를 삼으려고 했다. 그런데 결과적으로는 내부의 가난이 외부의 가난을 초래하고 만 것이다.

행복의 또 다른 요소인 물질적 자아와 사회적 자아의 가치에 대해서는 새삼 논할 필요가 없을 듯하다. 재물의 소중함 역시 누구나 다 인식하고 있으므로 여기에서는 말하지 않겠다. 사회적 자아는 단지 남의 견해에 의존하는 것이므로, 물질적 자아에 비해 미약하고 무가치한 것으로 보일 수 있다. 명예는 대체로 커다란 보배로 간주되고 있으며, 명성은 소수의 비범한 사람에게만 허용되는 영예의 왕관으로 생각되어 모든 인간이 탐낸다. 하지만 우매하고 허영에 찬 인간이 아닌 이상 대부분의 사람은 명예나 명성보다 재물을 택한다.

사실 물질적 자아와 사회적 자아는 하나처럼 소통하고 있다. 즉, 페트로니우스(로마의 정치가·작가)의 "풍족해라. 그럼 남들이 받들 것이다"라는 말은 사실이며, 다른 사람이 '나'에게 갖는 호감은 어느 정도 자신의 물질적 소득이 좋은 영향을 미친다.

재물

어떤 사람의 소망이 오직 돈에만 집중되어 있다면 그는 비난을 받는다. 그러나 지칠 줄 모르는 프로메테우스처럼 그토록 변하기 쉬운 소망과 갖가지 욕구도 돈만 있으면 어느 정도 만족될 수 있으니, 우리가 돈을 좋아하는 것은 천만다행일 뿐 아니라 불가피한 일이기도 하다.

노력이 뒤따라야 하는 재산

행복론의 위대한 교사인 에피쿠로스는 인간의 욕구를 세 가지로 나누었다. 첫째는 자연적이며 없어서는 안 될 욕구다. 이 욕구가 만족되지 못하면 고통이 생긴다. 의식주에 대한 욕구가 여기에 해당하며 그만큼 만족하기도 쉽다. 둘째는 자연적이기는 하지만 없어도 되는 욕구다. 성욕이 여기에 해당하며, 만족하기도 조금 힘들다. 셋째는 자연적인 것도, 필수적인 것도 아닌 욕구다. 사치, 낭비, 화려함 등의 추구가 여기에 해당하며, 이것은 한이 없을 뿐 아니라 만족하기도 매우 힘들다.

소유에 대한 이성적 욕망의 한계를 규정하는 일이 불가능하지는 않다. 다만 힘들 뿐이다. 왜냐하면 소유에 대한 사람의 만족감은 절대량이 아닌 상대적 양, 즉 그 사람의 욕구와 소유와의 관계에 의존하기 때문이다. 그러므로 소유 하나만을 떼놓고 보면 분모 없이 혼자 있는 분자와 같아서 아무런 의미가 없다. 예를 들어, 어떤 사람은 재산을 가지고 싶어 하지도 않으며 없으면 없는 대로 만족할 줄 안다. 반면 그 사람보다 몇백 배 많은 재산을 소유한 다른 사람은 자신이 바라던 하나를 소유하지 못해 불행하다고 느낀다. 이 점에 있어서 사람들은 모두 각자가 도달할 수 있는 수평선을 가지고 있는 셈이다.

사람들의 이러한 욕구는 각자의 범위 내에서 움직인다. 그 범위 내에 욕구의 대상이 존재하고 이것이 획득 가능하다는 희망이 있으면 그는 행복감을 느낀다. 하지만 획득할 수 있다는 희망을 박탈당하면 그는 불행해한다. 각자의 범위 밖에 존재하는 것은 그 사람에게 전혀 작용하지 않기 때문에 부자의 많은 재산도 가난한 사람을 괴롭히지는 못한다. 반면 부자는 자신이 아무리 많은 재산을 가지고 있어도 자신이 소유하지 못한 하나 때문에 아무런 위안도 얻지 못한다(부귀는 바닷물과 같아서 마시면 마실수록 갈증을 유발한다. 명성도 마찬가지다).

부귀영화가 사라지고 이에 따르는 맨 처음의 고통이 극복되면 우리는 욕망의 양을 줄이게 된다. 이 결정이 처음에는 무척 아프게 느껴지지만, 차차 아픔이 가라앉으면 상처도 곧 아문다. 이와 반대로 우리가 행복감을 느끼는 경우에는 욕망의 압축기가 튀어오르는 동시에 욕구가 확대되며, 바로 여기에 기쁨이 있다. 하지만 이 기쁨은 욕구가 충족되면 사라지고 더 이상 지속되지 않는다. 우리는 확대된 욕구에는 금방 익숙해지지만, 이에 상응하는 소유에는 관심이 없어진다. 호메로스는 이 진리를 《오디세이아》에서 이렇게 말하고 있다.

신들이 인간에게 행복과 아리따운 청춘을 주는 한,
인간은 반항하고 자신에게는 절대로 불행이 오지 않는다고
망상한다.

그러나 거룩한 신들이 인간을 징계하려고 시련을 주면,

인간은 이 괴로움을 초조와 절망을 안고 참아낸다.

이는 신이 하늘에서 우리에게 보내주는 나날이 변하듯,

대지에 사는 사람들의 마음도 변하기 때문이다.

우리의 불만은 욕망의 양을 더 키우려고 할 때 이를 방해하는 어떤 것이 버티고 서 있는 데서 비롯된다. 인간처럼 가난하고 많은 욕구로 똘똘 뭉친 종족에게는 재산이 그 무엇보다 중요하며, 권력마저 재산을 만드는 수단으로 활용된다. 즉, 돈을 벌기 위해서는 다른 것들이 다 묵살되어도 이상할 게 하나도 없다. 하나의 예로, 철학은 철학 교수들 사이에서도 천대받고 있다.

어떤 사람의 소망이 오직 돈에만 집중되어 있다면 그는 비난받는다. 그러나 지칠 줄 모르는 프로메테우스처럼 그토록 변하기 쉬운 소망과 갖가지 욕구도 돈만 있으면 어느 정도 만족될 수 있으니, 우리가 돈을 좋아하는 것은 천만다행일 뿐 아니라 불가피한 일이기도 하다. 다른 것들은 단지 한 가지 소망, 한 가지 욕구만을 채울 수 있다. 예를 들어 음식은 배고픈 사람에게만, 포도주는 건강한 사람에게만, 약은 병자에게만 좋다. 즉, 이것들은 '일정한 목적을 이루기 위한 것'에 불과하며, 사람에 따라 상대적으로 좋아하거나 싫어한다. 유일하게 돈만이 절대적 보배이며, 모든 욕구에 일반적으로 적용된다.

하지만 우리는 지금 가지고 있는 재산을 불행에 대한 방비책으로 봐야 한다. 재산을 이 세상의 향락을 얻기 위한 수단이라고 생각해서는 안 된다. 물려받은 재산 없이 자신의 재능으로 많은 돈을 번 사람은 자신의 재능은 영속적인 자본이며, 그것에 의해 얻어진 것들은 모두 이자라는 망상에 빠지기 쉽다. 그래서 그들은 획득한 것을 저축하기보다 버는 족족 써댄다. 예를 들어, 어느 순간 자신의 재능을 소진해버리는 미술가나, 경기가 좋을 때는 빛을 발하던 재능이 경기가 나빠지면서 사라져버려 제대로 돈벌이를 하지 못하는 사람은 금방 빈곤에 빠지고 만다. 이에 비해 수공업자는 계속해서 견딜 수 있다. 왜냐하면 그들의 자질은 쉽게 사라지는 것이 아니고, 직원들의 손을 빌어 보충할 수 있으며, 그들의 제품은 고객의 욕구를 충족시킬 수 있어서 늘 판매되기 때문이다. 그런 점에서 '수공업자는 황금의 모체를 가지고 있다'라는 격언은 옳다고 할 수 있다. 반면, 예술가나 대가 들은 그렇지 못하기 때문에 그들의 작품은 늘 비싼 값으로 팔린다. 게다가 그들은 자신이 획득한 것을 자본으로 보지 않고 단순한 이자로 보기 때문에 어쩔 수 없이 파멸의 길로 들어서고 만다.

유산을 상속받은 사람은 적어도 어느 것이 자본이고, 어느 것이 이자인지를 정확히 알고 있다. 그래서 자본을 안전하게 확보하기 위해서 재산에 쉽게 손을 대지 않는다. 그리고 적어도 이자의 8분의 1을 앞으로 다가올 불경기에 대비해 따로 보관해두기 때문에 그들은 대부분 계속해서 부유하게 살아간다.

가난으로 고생한 경험이 있는 사람은 한층 더 낭비하는 경향이 있다. 어떤 특수한 재능에 의해서 비교적 빨리 부유해진 사람도 마찬가지다. 이와 반대로 부유하게 자란 사람은 가난했던 경험이 있는 사람보다 훨씬 더 많이 미래를 생각하고, 좀 더 경제적으로 생활한다. 이런 결과가 나오는 이유는, 부유한 집안에서 태어난 사람에게 재산은 없어서는 안 되는, 즉 사는 데 필요한 공기와 같기 때문이다. 즉, 재산은 그들에게 생활을 생활답게 만드는 요소이므로 재산을 생명처럼 지키고 조심성 있게 절약하는 것이다. 하지만 가난한 집안에서 태어난 사람은 오히려 가난이 자연스러운 상태이며, 우연히 들어온 돈은 향락과 쾌락에 소비해야 하는 여분의 것으로 생각하는 듯하다. 그래서 다시 돈 없는 상태가 되어도 거뜬히 살아갈 수 있으며, 심지어 재산에 대한 근심에서 벗어나 다행이라고 생각한다. 셰익스피어는《헨리 6세》에서 이런 말을 했다.

거지가 말을 타면 말이 죽을 때까지 달린다는 격언이 확실하게 증명될 것이다.

또 하나의 예로, 가난하게 살다가 결혼한 여성은 부유하게 살다가 결혼한 여성에 비해 요구가 훨씬 더 많고 낭비벽도 심한 편이다. 부잣집 딸들은 대부분 지참금뿐 아니라 재산을 유지하기 위한 더 많은 노력과 유전적 본능을 지닌 채 결혼한다.

존슨 박사도 나와 의견이 같아서 "부잣집에서 태어난 여성은 돈 다루는 법을 잘 알고 있어서 결혼 후에도 현명하게 사용하지만, 결혼한 뒤에야 비로소 돈을 자유롭게 쓰게 된 여성은 쓰는 데만 만족감을 느껴 터무니없이 낭비한다"고 언급했다. 그래서 나는 가난한 집 딸과 결혼한 사람에게 "당신의 부인에게 돈을 맡기지 말라. 특히 자식들의 돈이 그녀의 손에 들어가지 않도록 조심하라"는 충고를 하고 싶다.

물론 나는 이 글에서 나중에 번 재산과 상속받은 재산을 유지하는 것이 중요하다고 권고했지만, 이것이 부적당한 권고라고는 생각하지 않는다. 왜냐하면 태어나면서부터 많은 것을 소유하고 있어서 일하지 않고 편히 살 수 있다는 것은 그야말로 비길데 없는 특권이고, 인생에 붙어 다니는 궁핍과 괴로움으로부터 벗어나는 일이며, '대지의 아들'이 지니는 운명인 강제노동에서 해방되는 일이기 때문이다.

사람들은 이러한 운명의 은총 아래에서만 진정한 자유인이 될 수 있고, 자신의 시간과 힘의 주인이 될 수 있으며, 매일 아침 "오늘은 내 것이다"라고 말할 수 있다. 따라서 금화 천 개를 연금으로 받는 사람과 십만 개를 받는 사람의 차이는, 금화 천 개를 받는 사람과 아무것도 받지 못하는 사람과의 차이와 비교하면 훨씬 적다.

태어날 때부터 있었던 재산은 노력이 뒤따라야 최고의 가치를 지닌다. 이러한 사람은 운명에게서 이중의 혜택을 받은 셈으로, 딴 사람이 도저히 할 수 없는 일을 해내고, 인류 전체의 이익에 이바지하며, 인류에게서 받은 혜택을 몇백 배로 불려서 되돌려줄 수 있다. 또 어떤 사람은 자선 사업을 통해 인류에 공헌하기도 한다. 하지만 부모에게서 물려받은 재산이 많으면서도 어떤 학문을 철저히 연구하거나 학문 발전을 위해 노력하지 않는 사람은 불쌍한 게으름뱅이라고 할 수 있다. 이런 사람은 그야말로 불행하며, 불행의 또 다른 극단인 권태에 빠져 괴로워한다. 차라리 가난해서 그에게 일이 주어졌다면, 그는 훨씬 더 행복했을 것이다. 급기야 권태는 그 사람에게 어울리지 않는 특권이었던 재산마저 빼앗아가고 만다.

하지만 목적이 출세라면 사정은 완전히 달라진다. 출세를 하려면 인맥을 총동원해야 하는데, 그러기 위해서는 돈이 별로 없는 것이 결과적으로 더욱 유리하다. 귀족 출신이 아닌 사람이 약간의 재능을 가지고 있고 또 가난하다면, 자신보다 열등한 사람에게 호감을 갖는 사람들의 도움을 받아 쉽게 출세할 수 있다. 왜냐하면 이런 사람들은 늘 변함없이 허리를 90도 정도로 굽히고, 늘 참으며, 항상 웃는 얼굴로 타인을 대하고, 자기 공로가 대단하지 않다고 말하기 때문이다. 또한 이런 사람만이 큰 세력가들의 문학적 졸작을 걸작이라며 큰 목소리로 찬양할 수 있기 때문이다. 즉, 구걸해서 얻는 기술을 알고 있는 것이다. 이와 관련해 괴테는 《서동시집》에서 이렇게 말하였다.

비천함은
한탄할 것이 못 된다.
누가 너에게 그것을 일러주더라도
그것이야말로 강점인 것이다.

이와는 반대로 태어나면서부터 부자였던 사람은 대체로 버롯이 없다. 그는 머리를 쳐들고 걷는 게 습관인 사람이다. 게다가 그는 대단하지 않은 재능을 코에 걸고 싶어 한다. 그래서 평범하고 비굴한 사람에 비해 재능이 부족하다는 사실을 빨리 터득해야 하는데 그렇지를 못한다. 어쩌다가 자신의 상사에게 모욕이라도 당하는 날엔 그는 금방 겁쟁이가 되고 만다. 그럼 그는 그 사회에서 다시 출발할 수가 없다. 결국 그는 교만한 볼테르가 "우리는 단지 이틀밖에 살지 못한다. 이 이틀을 아니꼬운 놈들에게 허리를 굽히며 지낼 수는 없다"고 말할 것 같은 기분이 들 것이다. 하지만 서글프게도 세상에는 이 '아니꼬운 놈들'이라는 주어가 딱 어울리는 사람들이 너무나 많다.

중매결혼
연애결혼

결혼이란, 개인의 이익 또는 종족 유지 가운데 어느 한쪽을 희생해야 하는 통과의례인 셈이다. 결혼을 통해 개인의 이익과 정열적인 애정을 동시에 추구한다는 것은 좀처럼 얻을 수 없는 행운이기 때문이다.

결혼은 희생을 위한 통과의례

연애결혼은 한 사람의 이익이 아니라 종족의 이익에 따라 맺어진다. 물론 연애결혼 당사자는 자신의 더 큰 행복을 위해서 결혼했다고 생각한다. 하지만 연애결혼의 본래 목적은 결혼한 당사자들과는 성질이 다르고 자신들만 만들 수 있는 새로운 제2의 개인을 낳는 데 있다. 이러한 목적으로 맺어진 두 사람은 서로 잘 조화를 이루며 살아가려고 노력한다. 그러나 정열적인 연애의 미망에 빠져서 맺어진 부부는 실제로 전혀 다른 성격의 소유자인 경우가 많다. 그로 인해 연애의 미망이 사라지면, 두 사람이 서로 다르다는 사실을 절감하고 결혼 생활을 끝내기도 한다. 스페인에는 '연애결혼을 한 사람은 고뇌 밑에서 살아가야 한다'는 속담이 있다.

이에 비해 주로 부모의 선택에 의해 이루어지는 중매결혼은 실질적 측면에서 이루어지는 만큼 그냥 그렇게 끝을 맺는 경우가 거의 없다. 중매결혼은 결혼 당사자의 행복이 가장 큰 목적이기 때문에 아무래도 다음 세대인 자손에게는 불이익이다. 또한 이렇게 맺어진 두 사람이 잘 조화를 이루며 살아갈지도 문제로 남는다.

결혼 조건으로 돈만 내세우는 남자는 종족 유지의 개념보다는 오히려 개인의 행복을 위해 살아간다고 할 수 있다. 남자의 이러한 태도는 진리에 위배되고 부자연스러운 만큼 다른 사람들에게 경멸당하기 쉽다.

한편, 부모의 의견을 받아들이지 않고 부유한 중년 남성의 청혼을 거절한 채 오직 자신의 본능적인 애정에 따라 남편을 선택한 여자는 종족 유지를 위해 자신의 행복을 희생하고 있는 셈이다. 그렇다고 그녀를 비난해서는 안 된다. 그녀는 더욱 중요한 것을 좋아하고 있는 것이고, 종족 유지라는 자연의 뜻에 따라 행동한 것이기 때문이다. 이에 비해 부모는 이기주의에서 비롯된 충고를 한 것이다.

한 마디로 결혼이란, 개인의 이익 또는 종족 유지 가운데 어느 한쪽을 희생해야 하는 통과의례인 셈이다. 결혼을 통해 개인의 이익과 정열적인 애정을 동시에 추구한다는 것은 좀처럼 얻을 수 없는 행운이기 때문이다.

대다수의 인간이 육체적·도덕적·지적으로 불완전한 상태에 놓인 이유 중 하나는, 결혼이 순수한 선택이나 애정에서가 아니라 다양한 표면상의 배려나 우연의 상황에서 이루어지기 때문이다. 개인의 이익과 함께 애정이 포함된 결혼은 이른바 종족의 수호신과 화해한 것이나 마찬가지다.

행복한 결혼은 좀처럼 찾아볼 수가 없다. 결혼의 주된 목적이 당사자의 현재 행복이 아니라 다음 세대에 있기 때문이다. 물론 부부 사이에 우정이 생길 수는 있다. 하지만 이 우정도 대부분

성적 욕망에 대한 감정이 사라진 뒤에 생긴다. 그래도 부부 각자가 지닌 육체적·도덕적·지적 특질을 서로 보완하는 부부는 다음 세대를 염두에 두면서 성적으로 사랑하는 것이며, 그 결과 부부에게 알맞은 조화가 이루어진다.

ARTHUR

SCHOPENHAUER

제3부
사색과 학문

철학하는
방법

진리를 찾는 데서 가장 방해가 되는 것은 빈약한 지성
이나 거짓된 가상(假想)이 아니다. 그것은 바로 선입
견과 편견이다. 선입견과 편견은 일종의 후천적 천성
과 같은 것으로, 진리와 대립한다.

철학하는 자세

철학에서 요구하는 두 가지 자세가 있다. 첫째는 어떠한 문제라도 버리지 않고 담아두는 용기를 가질 것, 둘째는 자명한 사실이라도 그것을 문제로 파악하기 위해서는 분명하게 의식하고 있을 것 등이다.

그래도 철학을 하기 위해서 가장 중요한 것은 참된 의미에서 정신적으로 한가함을 지녀야 한다는 점이다. 즉, 정신은 아무런 목적도 추구하지 말아야 하고, 의지에 유혹당하지 말아야 하며, 직관적 세계와 의식의 가르침에 전적으로 몰두해야 한다. 하지만 요즘 철학 교수들은 자신의 개인적 이해관계에만 몰두하고 있다. 즉, 그들은 분명하게 존재하는 수많은 사물에 전혀 관심을 가지지 않을 뿐만 아니라 심지어 철학적인 문제에 대해서도 진지하게 생각하는 법이 없다.

철학과 시

시인은 인생의 여러 모습과 상황, 인간의 성격 등을 상상력 앞으로 가져와 움직이게 한 뒤 독자들이 각자 자신의 정신력이 미치는 범위 내에서 이것들을 생각하도록 맡겨버린다. 그렇기에 시인은 아주 다른 능력을 가진 사람들, 즉 어리석은 사람은 물론이고 현명한 사람에게도 만족감을 줄 수 있다. 하지만 철학자는 시인과 같은 방법으로 인생을 보여주지 않는다. 즉, 철학자 자신들이 이끌어낸 완성된 사상을 보여준 뒤 모든 사람이 철학자 자신과 똑같이 생각할 것을 요구한다. 따라서 시인이 꽃 자체를 가져오는 사람이라면, 철학자는 꽃의 정수(精髓)를 가져오는 사람이라고 할 수 있다.

그렇다면 시가 철학적 업적보다 더 나은 점은 무엇일까? 한마디로, 시는 서로 방해하지 않으면서 모두가 공존할 수 있을 뿐더러, 매우 이질적인 시라고 해도 동일한 정신에 의해 똑같이 받아들여지고 평가될 수 있다. 이에 반해 철학적 업적은 이 세상에 나타나자마자 마치 즉위식에서의 아라비아 군주처럼 모든 형제의 멸망을 노린다. 벌통 속에는 단 한 마리의 여왕벌만 존재할수 있는 것처럼 단 하나의 철학만이 일정표(日程表)에 오를 수 있기 때문이다. 철학의 세계는 거미의 세계처럼 비사교적이다. 거미는 자기 거미줄에서는 파리가 몇 마리나 걸릴지 혼자 앉아서 주시하고 있지만, 다른 거미에 접근할 때는 단순히 싸움만을 목적으로 한다.

이렇듯 시는 평화롭게 공존하면서 정답게 풀을 뜯는 어린 양과 같은 반면, 철학적 업적은 태어나면서부터 남을 물어뜯는 파괴적인 짐승과 같다. 철학적 업적은 지금 이 순간에도 서로 싸우고 있으며, 이 싸움은 벌써 2천 년 이상 지속되고 있다. 과연 이 싸움에서 최후의 승자가 탄생해 영원한 평화가 실현될 수 있을까?

이처럼 철학적 업적은 만인 대 만인의 투쟁이라는 성격을 띠기 때문에 철학자로서 명성을 얻는 일은 시인으로서 명성을 얻는 일보다 훨씬 어렵다. 시는 독자에게 즐거움과 감동을 위해 시에 한두 시간만 푹 빠져 있으라고 요구한다. 이에 반해 철학자의 책은 독자의 사고방식을 완전히 뒤집으려고 한다. 즉, 지금까지 독자가 배우고 믿어왔던 것이 모두 오류라는 사실을 인정하고 다시 새롭게 출발하라는 것이다. 물론 이때 도움을 주는 것은 기껏해야 선인(先人)들의 유고 몇 권에 불과하다.

철학 서적의 공공연한 적대자는 기존 철학 서적의 독자 한 사람 한 사람이다. 경우에 따라서는 국가가 어떤 철학 체계를 보호하기 위해 강력한 물질적 수단을 사용해 다른 철학 체계의 출현을 막기도 한다.

여기에 덧붙여 생각해야 할 점은, 철학 서적을 읽는 사람의 수는 가르침 받고자 하는 사람의 수에 비례하고, 시를 읽는 사람의 수는 즐기려는 사람의 수에 비례한다는 것이다. 이런 점을 생각할 때 철학자에게 주어지는 가장 큰 보답은, 시대와 국적을 막론해 뛰어난 사상가로 인정받고 대중이 그 사람 이름 자체를 하나의 권위로 존중하는 것이다. 비록 철학이 전 인류의 발전에 미치는 영향력의 속도는 느리지만, 그 깊이로 인해 철학자들의 역사는 몇천 년째 왕들의 역사와 나란히 진행되고 있다. 철학자의 수가 왕의 수보다 100분의 1 정도 적은 만큼, 이러한 철학자 사이에 낄 자리를 만든다는 것만으로도 위대한 일이라고 할 수 있다.

대립적 견해에 대한 반응

　자신의 견해와 대립하는 다른 견해에 관용을 베풀고 인내심을 키우는 가장 확실한 방법은 동일한 주제에 대한 상반된 의견을 스스로 내놓은 뒤, 때에 따라 그 의견들을 몇 번이고 바꿔보는 것이다. 그럼으로써 여러 다른 의견이 나올 수 있는 주제에 대한 반대 의견을 자신이 얼마나 무시하거나 무조건 받아들였는지를 기억해낸다.

　또 하나, 반론을 제기할 때 상대방에게 자신의 의견에 귀 기울이게 하는 가장 효과적인 방법은 "나도 전에는 같은 의견을 가지고 있었다. 하지만…"이라고 말하는 것이다.

선입견과 편견

진리를 찾는 데 가장 방해되는 것은 빈약한 지성이나 거짓된 가상(假想)이 아니다. 그것은 바로 선입견과 편견이다. 선입견과 편견은 일종의 후천적 천성과 같은 것으로, 진리와 대립한다. 이는 마치 배를 육지가 아닌 바다 쪽으로 밀어내는 역풍과 같아서 닻이나 돛을 무용지물로 만들어버린다.

철학에 대한 성찰

눈을 밖으로 돌리면, 측정할 수 없을 정도로 넓은 세계와 수없이 많은 존재가 있다. 그렇다 보니 개체로서의 자아는 아주 작게 오그라들어 마치 무(無)로 돌아가 사라져버릴 것만 같다. 이처럼 양과 수의 우울함에 압도당하면, 우리는 다시 밖을 향하는 철학, 즉 객관적 철학만이 올바른 길을 걷고 있는 것은 아닌가, 생각하게 된다.

이와 반대로 눈을 안으로 향하면, 가장 먼저 인간들은 모두 자기 자신에만 직접적으로 관여한다는 사실을 발견하게 된다. 즉, 다른 모든 것을 합한 것보다도 자기 자신의 것이 더 마음에 걸린다는 사실을 알 수 있다. 이는 사람은 누구나 자기 자신만을 직접적으로 인식하고, 다른 모든 것은 간접적으로 인식한다는 사실에서 기인한다. 덧붙여서, 의식하고 인식하는 존재는 오직 개인이며 의식 없는 존재는 불완전한 동시에 간접적인 현 존재만을 지닌다고 한다면, 참된 현 존재는 모두 개인에게 귀속된다. 이로 인해 객관은 주관에 의해 제약되어 존재할 수밖에 없다. 따라서 측량할 수 없을 정도로 넓은 바깥 세계는 인식자의 의식 속에서만 존재 의미를 지니기 때문에 그 의식을 가진 개인에게 구속되어 있으며, 이런 의미에서 바깥 세계는 개인적 의식의 단순한 장식, 심지어 우연성으로 보여질 수도 있다.

이 모든 것을 명확히 성찰할 경우, 안으로 향하는 철학과 주관에서 출발하는 철학, 즉 데카르트 이후 근대인의 철학이 정도(正道)를 걷고 있으며 고대인은 중요한 사실을 놓쳤다는 견해로 옮겨가게 된다. 그러나 이에 대한 완전한 확신은, 자기 안으로 깊이 파고 들어간 상태에서 인식되는 모든 존재의 근원성을 자각할 때 비로소 얻어진다. 그러면 아무리 시시한 인간이라도 자기 의식에 있어서 자신이 가장 실재적 존재라는 사실을 발견하며, 자기 속에서 세계의 참된 중심점, 아니 모든 실재의 근원을 인정하게 된다. 이 근원적 의식을 가장 잘 표현한 것은 우바니샤드(힌두교 이론과 사상의 토대를 이루는 철학 문헌들을 모은 것)로, '모든 피조물은 나요, 나 이외의 다른 것은 없다. 모든 피조물은 내가 만든 것이다'라고 하였다. 이것이 바로 안으로 향한 고찰의 결과다. 이에 비해 밖으로 향한 고찰은, 생존의 종말은 한 줌의 재에 지나지 않는다는 사실을 보여줄 뿐이다.

사색

우리는 일반적으로 사물 자체에 관심만 기울인다면 사색가가 추구하는 목표에 쉽게 도달할 수 있다고 생각하지만, 그들이 행하는 많은 노력을 안다면 누구든 깜짝 놀랄 것이다. 책은 언제든지 마음만 먹으면 읽을 수 있다. 하지만 사색은 우리의 의지대로 되는 것이 절대 아니다.

독서에서 얻은 사상

개인이 가진 각자의 근본 사상에는 진리와 생명이 들어 있다. 반면, 독서에서 얻은 사상은 다른 사람이 먹다 남긴 음식 찌꺼기나 입다 버린 헌 옷에 불과하다. 따라서 자신의 정신 속에서 불타고 있는 사상과 책에서 읽은 다른 사람의 사상을 비교하는 일은 마치 봄에 만발한 꽃과 화석이 되어버린 태고의 꽃을 비교하는 것과 같다.

오히려 해로운 독서

독서를 많이 하다 보면 자신의 머릿속에 다른 사람의 사상이 흘러든다. 그런데 늘 정리된 사상을 창조하려는 사색 측면에서는 이것만큼 해로운 것도 없다. 또한 다른 사람의 사상은 모두 다 그의 정신에서 싹튼 만큼 다른 체계에 속하고 다른 색채를 띠기 때문에 나 자신의 사색, 지식, 식견, 확신과 합류하지 못한다. 또한 언어적 혼란을 일으켜 정신적 통찰력을 모두 빼앗아버릴 뿐 아니라 유기적 조직의 대부분을 파괴해버린다.

사람들은 대부분 경험과 대화 그리고 얼마 안되는 독서를 통해 얻은 하찮은 지식을 늘 자신의 생각인 양 말하고 다닌다. 과학적 사상가들도 마찬가지다. 물론 사상가는 많은 지식을 필요로 하는 만큼 수많은 책을 읽어야 한다. 하지만 다행히도 사상가들은 정신이 강인하여 그 모든 것을 잘 동화시킨 뒤 자신의 사상 체계에 병합한다. 즉, 끊임없이 자신의 인식 세계를 넓히면서도 유기적 조직을 잃지 않고, 장대한 통찰력으로 수많은 재료를 지배한다. 이때 사상가 자신의 사색은 파이프 오르간의 저음처럼 모든 음 사이를 누비며 끊임없이 울려 퍼지고, 결코 다른 음에 의해 지워지지 않는다. 반면에 그저 박학다식한 사람은 모든 음의 파편들이 서로 난립하기 때문에 저음이 들리지 않는다.

사색과 현실 직시

사색가는 사물에 대해 말할 때도 직접 파악한 나름의 결과만을 언급한다. 사색가들의 말이 차이를 보이는 경우는 단지 그들의 입장이 다를 때뿐이다. 사색가는 객관적으로 파악한 것 이외에는 절대로 말로 표현하지 않는다. 나는 내가 만든 여러 명제가 역설적이라는 생각이 들어서 대중에게 말하길 주저했었는데, 나중에 똑같은 명제가 위대한 선조들의 저서에 언급된 사실을 발견하고는 놀라움을 금치 못했다.

이에 반해 여러 사람의 말과 의견에 반론을 제기하거나 다른 사람이 내놓은 반론을 보고하는 것이 철학자의 일이다. 철학자는 여러 말과 의견 들을 비교, 고찰, 비판함으로써 사물의 진리를 찾아내려고 애쓴다. 이런 점에서 철학자는 비판적인 방법을 무기로 삼는 역사가에 가깝다. 이에 대한 구체적 실례로 요한 헤르바르트(독일 철학자이자 교육사상가)의 책들을 들 수 있다.

우리는 일반적으로 사물 자체에 관심만 기울인다면 사색가가 추구하는 목표에 쉽게 도달할 수 있다고 생각하지만, 그들이 행하는 많은 노력을 안다면 누구든 깜짝 놀랄 것이다. 책은 언제든지 마음만 먹으면 읽을 수 있다. 하지만 사색은 우리의 의지대로 되는 것이 절대 아니다. 즉, 사상과 인간은 직결되는 것으로, 외적 동기와 내적 기분 및 긴장이 조화를 이루어야 비로소 어떤 대상에 대한 사색이 가능하다.

사색은 임의로 불러낼 수 있는 것이 아니라 올 때까지 기다려야 하는 것이다. 이는 개인의 문제를 생각해보면 쉽게 이해할 수 있다. 어떤 일에 대해 결심을 내려야 할 때, 시간을 정해놓고 심사숙고한다고 해서 바로 결정 내지 결심 가능한 것은 절대 아니다. 왜냐하면 생각에 집중하기도 어렵고 다른 생각들이 자꾸 떠오르기도 하며, 그 일에 대해 혐오감이 들기도 하기 때문이다. 또한 다른 시간에 다른 기분으로 그 일을 생각하면 또 다른 길이 보이기도 한다. 어떤 일에 대한 결심은 나무 열매가 성숙하는 것처럼 점차 성숙한다. 즉, 사색은 단번에 이루어지는 것이 아니라 단계적으로 나누어서 진행된다. 그래야 무심코 지나쳐버린 것에 대해 다시 한 번 생각해볼 수 있고, 사태를 명확히 직시할 수 있으며, 문제 해결도 수월해 보이고, 혐오감도 사라진다.

이론적인 문제도 마찬가지여서 적당한 때가 오기를 기다리지 않으면 안 된다. 아무리 뛰어난 두뇌를 지녔더라도, 다른 사람의 책을 너무 많이 읽는 것은 좋지 않다. 다른 사람이 나의 생각을 대신해주는 꼴이 되어버리기 때문이다. 즉, 다른 사람이 이미 닦아놓은 길을 더듬어 가다 보면 스스로 생각하는 법을 잊어버려 아무 일도 안된다. 최악의 상황은 책을 읽는 데 정신이 팔려 현실 세계를 직시하지 못하는 경우다. 현실 직시는 스스로 생각하는 동기를 제공하는 매우 중요한 요소다. 실존하는 모든 것은 근원적인 힘을 가지고 있어서 사색의 자연스러운 대상이 되며, 아주 쉽게 정신을 자극한다.

사상의 메모

사상은 마음속에 연민을 품고 있는 것과 같다. 우리가 아무리 감격하고 흥분한 상태여도 사상을 잊는 경우는 결코 없으며, 무관심한 경우도 절대 없다. 하지만 안 보면 잊게 되는 법! 아무리 훌륭한 사상이라도 적어두지 않으면 두 번 다시 기억해내지 못할 수 있다. 결혼해서 함께 있지 않으면 내 옆을 떠나는 애인처럼 말이다.

이론

사랑과 자비심이 충만한 사람은 남을 해치지 않고,
남의 권리를 침범하지 않으며, 남에게 악행을 저지
르지도 않는다. 그뿐만 아니라 모든 사람을 용서하
고 사랑하며 힘이 닿는 데까지 도와줄 자세가 되어
있다.

불에는 물, 분노에는 동정

덕(德)은 예술에서의 기법과 마찬가지로 인간에게 하나의 도구 역할을 한다. 따라서 도덕적 주장이나 윤리학이 후덕한 인간, 고결한 인간, 성스러운 인간을 만든다고 생각하는 것은 미학이 시인, 조각가, 화가, 음악가 등을 낳는다고 생각하는 것만큼 어리석다.

인간의 행위는 세 가지의 근본 원천에서 비롯된다. 첫째는 자신의 이익만을 추구하는 이기심, 둘째는 타인의 손해를 바라는 배타심, 셋째는 타인의 복리를 원하는 동정심이다. 인간의 모든 행위는 이 원천들 가운데 하나 또는 둘로 귀결되며, 이것들이 발전하면 비로소 고귀하고 광대한 덕성이 된다.

① 이기심

인간의 이기심은 정말 무섭다. 그래서 우리는 예절과 양보로 그것을 숨기려고 하지만, 이기심은 언제나 껍질을 뚫고 나와 자신에게 유용한 쪽으로 상황을 유도하려는 본능을 드러낸다. 예컨대 어떤 사람을 만났을 때 우리는 '그가 나에게 어떤 이득을 줄까'를 먼저 생각한다. 그가 만일 나에게 이득 되지 않는 사람이라면 나에게 그는 무가치한 존재이므로 나는 그를 무시하기에 이른다.

이기심은 끝이 없다. 인간은 자신의 존재를 유지하면서 모든 고통과 궁핍에서 벗어나고자 하는 절대적 욕구를 지니고 있으며, 모든 쾌락을 다 누리고자 한다. 따라서 이기심과 탐내는 대상 사이에 장애물이 나타나면 불쾌감, 증오, 분노로써 그 장애물을 부수려고 한다. 인간은 되도록 모든 것을 즐기고 소유하려고 하며, 만일 그것이 불가능하다면 적어도 그것을 지배하려고 한다. '나에게 모두 달라. 다른 사람은 아무것도 가지지 않아도 좋다!'가 한 사람 한 사람의 슬로건이다.

인간의 이기심처럼 큰 것은 없다. 우주도 그것을 다 포장할 수 없을 정도다. 지나가는 사람에게 우주의 멸망과 자기 자신의 멸망 가운데 어느 쪽을 선택하겠느냐고 물어보라. 어떤 대답이 돌아올지 뻔하다. 인간은 저마다 자기 자신을 세계의 중심에 놓고, 모든 것을 자신과 결부시키려고 한다. 사소한 일은 물론이고 심지어 국가의 파멸 같은 큰일에서도 인간은 자신의 이해타산을 앞세운다. 즉, 대부분의 인간이 자신만이 참된 존재이고 다른 사람은 한낱 그림이나 어리석은 존재라고 여기는 것이다. 이 얼마나 가소로운 일인가!

나는 인간의 이기심을 강조하기 위해 '대부분의 인간은 남을 죽여 기름을 짠 뒤 그것으로 자신의 신발을 닦는 일을 사양하지 않는다'라고 표현하고 싶다. 이것이 과연 지나친 비유일까?

이기주의는 지능과 이성의 도움으로 이루어진 걸작이다. 하지만 국가는 개인의 힘보다 훨씬 탁월한 힘에게 각 개인의 권리를 위임하고, 개인으로 하여금 타인의 권리를 존중하게 만든다. 따라서 개인의 무한한 이기심과 사심, 흉포성은 사슬에 매여 좀처럼 표면화되지 못하기 때문에 이 세상은 허위에 불과한 평화를 유지하고 있는 것이다. 만일 이러한 국가의 보호 기능이 위력을 잃을 경우, 인간의 그칠 줄 모르는 물욕과 야비한 탐욕, 위선, 불성실, 사악함, 불의, 불신은 곧 활개를 치며 나타난다. 이는 지금까지도 몇 번이고 있었던 사실이다. 우리는 이런 광경을 볼 때마다 마치 처음 보는 괴물에게 습격이라도 당한 듯 몸서리치고 비명을 지른다. 하지만 인간을 강제하는 법이 없고 인간이 서로의 명예를 존중할 필요가 없다면 이 세상은 그야말로 사욕의 도가니가 될 것이다.

그렇다면 인간의 가슴에는 마음이라는 것이 존재할까? 도의는 어느 정도의 가치가 있을까? 이것에 대해 알고 싶다면 유명한 소송 사건이나 무정부 시대(1135년~1153년 동안 있었던 잉글랜드 왕국의 내전 시기)에 대한 역사 이야기를 읽어보라. 우리 앞을 오가는 수천수만의 인간들은 평화를 유지하기 위해 애쓰는 듯하지만, 실제로 그들은 단단한 마스크를 쓰고 있는 호랑이나 늑대다. 사회의 억압이 사라지고, 그들이 마스크를 벗어버린다면 어떤 일이 벌어질까? 얼마나 처참한 광경이 펼쳐질지 상상하기란 어렵지 않을 것이다. 이런 점만 봐도, 어떤 토대 위에 있는 종교나 양심 또는 선의가 걸핏하면 아무짝에도 쓸모없어진다는 사실을 쉽게 알 수 있다.

그런데 우리는 가끔 불순한 양심과 진정한 양심이 엇갈리는 모습을 본다. 우리가 어떤 행위로 인해 고민하거나 후회하는 것은 단지 그 결과가 두려워서인 경우가 많다. 우리는 양심의 가책이나 다름없는 어떤 심한 불안감을 느낀다. 이는 마치 유대인이 토요일에 담배에 불을 붙인 뒤 문득 모세의 훈계(출애굽기 35장 3절, 안식일에는 집에 어떤 불도 켜지 말라)를 떠올리며 괴로워하는 것과 같다.

일반적으로 자신에게 부합되지 않는 일, 부주의로 인해 일어난 일, 자신의 의도나 계획에 반대되는 일, 관습에서 벗어난 일, 경솔한 일, 졸렬한 일, 우매한 일을 하면 시간이 좀 지난 뒤 마음을 찌르는 가시가 조용히 나타난다. 만일 우리가 끔찍하게 생각하는 양심이 어떤 요소로 이루어졌는지를 안다면 대부분의 사람은 깜짝 놀랄 것이다. 즉, 양심의 약 5분의 1은 타인에 대한 두려움, 5분의 1은 종교적 두려움, 5분의 1은 선입관에서 비롯된 두려움, 5분의 1은 허영에서 비롯된 두려움, 나머지 5분의 1은 관습상의 두려움으로 이루어져 있다.

개인이나 국민의 행위는 교리나 관습에 따라 많이 변한다. 그러나 모든 행위는 그 자체가 공허한 현상에 지나지 않으며, 오직 자신의 방향만이 있을 뿐이다. 이 방향은 우리가 어떤 행위를 하도록 만들며, 그 행위에 하나의 도덕적 의의를 부여한다. 이 정신적 방향은 동일하게 존속하며, 단지 외면적으로만 여러 차이를 보일 뿐이다.

예를 들어 비슷한 정도의 고약한 심보를 가진 두 사람이 있다고 해보자. 그중 한 명은 길가에서 쓰러져 비참하게 죽고, 다른 한 명은 일가친척에 둘러싸여 고요히 세상을 떠날 수 있다. 또한 같은 악이라고 해도 어떤 국민에게는 악이 만행, 살상 등으로 나타나고, 어떤 국민에게는 정치적 음모나 학대 또는 간계로 나타날 수도 있다. 물론 우리는 모든 범죄를 통제하는 안전한 국가나 사후 형벌이라는 신앙의 교리를 상상할 수도 있다. 그러나 이와 같은 것은 정치적 측면에서는 대단히 좋지만, 도덕적 측면에서는 아무런 의미도 가지지 못한다. 왜냐하면 행위만 사슬에 묶어 놓았을 뿐이므로, 행위가 아무리 올바르다고 해도 의지는 사악한 채 그대로 남아 있기 때문이다.

② 동정

동정은 그야말로 신비롭다. 나와 타인의 경계선이 허물어짐으로써 타인이 참된 의미에서 나로 간주되기 때문이다. 따라서 모든 자발적인 정의와 순수한 자선은 동정을 유일하고도 진실한 토대로 삼는다.

동정은 인간 양심에 속하는 부인할 수 없는 하나의 사실적 감정이다. 이는 외부에서 주입된 어떤 사상, 관념, 교리, 신화, 교육, 수양 등을 근거로 삼지 않고, 오직 인간의 천성에서 자발적으로 생겨나 모든 시련을 견디며 어느 시대, 어느 나라에서든 나타난다. 따라서 우리는 모든 인간에게 동정심이 있다고 확신하면서 거기에 호소하고 의지하고자 하는 것이다. 동정의 신에 기댄 사람은 지금까지 한 번도 이단으로 몰린 경우가 없다. 단지 종교적

신념에서 이루어진 선행은 자신이 으레 받아야 하는 상벌이라는 견지에서 나온 것이므로, 순수한 도덕적 선행이라고 할 수 없다. 한편 동정이라는 도덕적 원동력은 무정부 상태 또는 혁명과 전란 속에서, 크고 작은 모든 사건 속에서 놀라운 자비를 베풀어 많은 불의와 부정을 미연에 방지했을 뿐만 아니라 수많은 인간의 선행을 이끌었다. 우리는 동정이 어떠한 의도 없이 나타났을 때 찬탄을 쏟아내며 순수한 도덕적 가치로 인식한다.

인간은 누구나 자기 자신 속에 정반대의 심정인 선망과 동정을 갖고 있는데, 이는 자신과 타인을 비교하는 데서 나온다. 그리고 이 비교가 그의 개성에 어떤 영향을 미치느냐에 따라 선망과 동정 중 하나가 기본 자세가 되며, 이를 토대로 행위가 이루어진다. 선망은 자신과 다른 사람 사이에 놓인 장벽을 높이고 견고히 하는 반면, 동정은 그 장벽을 얇고 투명하게 만들며 때에 따라서는 뿌리째 뽑아버리기도 한다. 그리되면 나와 타인의 구분은 흔적도 없이 사라져버린다.

우리는 누군가와 사귀려고 할 때 으레 상대방의 지적·도덕적 수준을 알려고 한다. 그리고 만일 상대방이 이성적이지 못하고, 마음 자세가 흉악하며, 판단력이 부족하다고 생각되면 그를 무시한다. 하지만 우리는 상대방의 고뇌와 불행, 번민, 우환 등을 생각해야만 한다. 그러면 상대방은 어느 순간 친근해지고 그에 대한 동정심도 생겨서, 그를 무시하기보다 연민의 감정으로 대하게 된다. 상대방의 사악한 면이 눈에 들어와 분노가 생기기 시작하면 얼른 눈을 돌려 그의 삶이 얼마나 참혹하고 괴로웠을

지를 생각해야 한다. 반면, 상대방의 고통과 고뇌가 눈에 들어와 두려운 감정이 생기면 오히려 그의 사악한 면을 생각해야 한다. 그러면 서로 다른 두 감정이 균형을 이루어 영원한 우정이 성립될 것이다.

나에게 피해를 준 사람에 대한 정당한 분노는 그 역시 불행한 인간이라는 사실을 상기하면 이내 누그러든다. 불에는 물, 분노에는 동정을 발휘하자. 만일 나를 해롭게 한 사람에게 참혹한 보복을 하고 싶다면, 우선 그 보복을 끝낸 것으로 간주하자. 그리고 상대방이 고뇌에 허덕이고 불행과 궁핍에 괴로워하는 모습을 머릿속에 그려보고 "그게 바로 나의 보복이다!"라고 중얼거리자. 그러면 머릿속에 떠오른 참혹한 보복의 결과로 인해 실제로는 보복할 엄두가 나지 않을 것이다. 세상에서 분노의 불길을 끄는 방법은 이것밖에 없다.

모든 도덕의 근본인 동정은 인간에게 동물한테까지 사랑의 손길을 뻗도록 한다. 동물에 대한 인간의 사랑과 자비심은 선량한 성격과 밀접한 관계를 갖는다. 즉, 동물을 학대하는 사람은 선량한 사람이 아니라고 단정 지을 수 있다. 이 점에 대해서는 신학적 양심론도 필요 없다. 사랑과 자비심이 충만한 사람은 남을 해치지 않고, 남의 권리를 침범하지 않으며, 남에게 악행을 저지르지도 않는다. 그뿐만 아니라 모든 사람을 용서하고 사랑하며 힘 닿는 데까지 도와줄 자세가 되어 있다.

학자

최고의 정신을 소유한 사람은 절대로 전문 분야의 학
자가 아니다. 그들은 지식을 갖추고 있을 뿐 아니라
생존 전체의 문제를 꿰뚫고 있으며, 또한 이 문제에
대해 어떤 형태로든 인류에게 해답을 제시한다.

훌륭한 저술가

많이 읽거나 배우면 스스로 생각하는 법을 잊게 되는 것처럼, 많이 쓰거나 가르치면 지식이나 이해력이 몽롱해져서 철저함이 사라질 염려가 있다. 그러면 자신의 강의나 책을 메우기 위해 미사여구를 사용하지 않을 수 없다. 어떤 책이 지루한 이유도 바로 여기에 있다. 솜씨 좋은 요리사는 질 나쁜 밀가루로도 얼마든지 맛있는 음식을 만들 수 있다. 이와 마찬가지로 훌륭한 저술가는 아무리 무미건조한 주제라도 흥미진진하게 써내려갈 수 있다.

인류 기억의 영속

인간의 지식은 종이로 만들어진 인류의 기억이라고 할 수 있는 책 속에만 존재한다. 우리의 머릿속에 존재하는 지식은 매우 적은 부분에 한정되어 있다. 왜냐하면 인간은 향락을 좋아하고 게을러서 수많은 지식 중에서도 자신이 사용할 수 있는 것만 손에 넣고 곧 죽어가기 때문이다. 물론 새로운 희망을 가진 다음 세대들이 계속해서 등장하지만, 그들은 아무것도 모르는 만큼 모든 것을 처음부터 배워야 한다. 그래서 이 새로운 세대 역시 자신이 파악할 수 있고, 짧은 삶에서 사용할 수 있는 것만을 받아들인 채 이전 세대와 마찬가지로 사라져간다. 이런 상황에서 책이나 인쇄물이 없었다면 인류의 지식은 얼마나 미천했을 것인가!

인류의 기억을 영속시키는 것은 오직 도서관뿐이다. 개인의 기억은 그야말로 한정되어 있고 불안전하다. 그래서 학자들은 자신의 지식을 검수받는 일을 좋아하지 않는다. 상인들이 자신의 장부를 점검받는 것을 싫어하는 것과 같은 이치다.

인간의 지식은 그야말로 방대해 우리가 알아야 할 것 가운데 천분의 일이라도 알고 있는 사람은 단 한 명도 없다. 지식이 방대해져서 학문의 범위가 넓어짐에 따라 학자들은 다른 분야는 신경 쓰지 않고 오로지 자신의 관심 분야만을 연구할 수밖에 없게 되었다. 이로 인해 학자들은 자신의 전문 분야에서는 일반인의 위에 서지만, 나머지 분야에서는 일반인과 똑같은 수준에 머문다. 요즘에는 특히 고전어를 등한시하는 학자들이 많다. 원래 고전어를 어중간하게 공부해서는 실력자로서 제 위치에 설 수가 없다. 고전어를 등한시하는 현상이 지속되면 학자들은 상식, 인문, 교양을 갖출 수 없고, 이로써 대중은 전문 분야 이외에는 황소처럼 느릿느릿한 학자만을 만나게 될 것이다.

사실 전문 분야에만 매달리는 학자는 공장 노동자와 별반 차이가 없다. 어떤 특정 기구나 기계에 사용되는 공구를 만드는 일에만 일생을 바치는 것이다(물론 자신의 분야에서 타의 추종을 불허할 정도로 숙달된 직공도 있다). 또한 전문 분야의 학자는 집에만 있으면서 전혀 외출하지 않는 사람과도 같다. 집 안에만 있는 사람은 마치 빅토르 위고의 작품 속에서 꼽추 콰지모도가 노트르담 사원을 훤히 꿰뚫고 있는 것처럼, 집 안에 있는 것들에 대해서는 훤하지만 한 발짝만 밖으로 나가면 모든 것이 생소하고 낯설기만 하다.

한층 높은 의미의 학자에게는 어느 정도의 박식함이 필요하다. 마찬가지로 철학자는 머릿속에 동서고금의 지식을 개괄하고 있지 않으면 안 된다. 왜냐하면 철학자의 두뇌만큼 세계 곳곳의 지식이 집합된 곳도 없기 때문이다. 최고의 정신을 소유한 사람은 절대로 전문 분야만의 학자가 아니다. 그들은 지식을 갖추고 있을 뿐 아니라 생존 전체의 문제를 꿰뚫고 있으며, 또한 이 문제에 대해 어떤 형태로든 인류에게 해답을 제시한다. 즉, 천재는 사물의 본질적·보편적 측면을 주제로 다루는 사람이지, 사물들 간의 특수 관계를 정리하는 데 일생을 바치는 사람은 아니라는 뜻이다.

독일 학자들의 문제점

독일의 학자들은 가난하기 때문에 성실하거나 결백할 수가 없다. 그래서 늘 억지로 이론을 갖다 붙이거나 비틀어대고, 신념을 바꾸며, 자신이 믿지 않는 바를 가르친다. 또한 온갖 아부로 친구를 만드는데, 그 대상은 장관, 권세가, 동료, 학생, 서적상, 비평가 등 다양하다. 한마디로, 진리나 다른 사람의 공적을 제외한 모든 것을 고려하는 것이 그들이 가진 삶의 방식이다. 이런 까닭에 독일의 학자들은 대부분 다른 사람의 눈치만 보는 룸펜으로 전락했다. 그래서 현재 독일 문학 전체, 특히 독일 철학계는 학자들의 불성실함으로 골머리를 앓고 있지만, 조만간 이들에게 속는 사람이 없어지면 그들의 불성실함도 효력을 발휘하지 못할 것이다.

저술

우리는 중대한 문제의 창시자, 건설가, 대가 등이 직접 쓴 저서를 읽어야 하며, 책을 살 때는 전에 나온 책들을 닥치는 대로 요약한 신간보다 오히려 원서의 고본(古本)을 선택하는 것이 현명하다.

정신의 존엄성을 다루는 저자

세상에는 세 부류의 저자가 있다. 첫 번째는 생각하지 않고 글을 쓰는 저자로, 가장 그 수가 많다. 이들은 기억과 추억을 바탕으로 하거나 다른 사람의 저서를 인용해 글을 쓴다. 두 번째는 쓰면서 생각하는 저자로, 글을 쓰기 위해서 생각하는 타입이다. 세 번째는 집필하기 전에 사색을 마치는 저자로, 이들이 쓰는 글은 이미 생각한 바를 옮기는 것에 불과하다.

글을 쓰기 전에 생각하지 않는 저자는 하늘에 운을 맡긴 채 길을 떠나는 사냥꾼과 같다. 이들이 새나 짐승을 많이 잡아서 집으로 돌아오는 경우는 매우 드물다. 이에 비해 세 번째 부류의 저자들은 이미 짐승을 잡아서 우리 속에 넣어둔 상태로, 잡힌 짐승은 달아나지 못 한다. 따라서 사냥꾼은 총으로 쏘기(표현)만 하면 되므로, 많은 새나 짐승을 사냥감으로 얻을 수 있다.

그런데 글을 쓰기 전에 진지하게 생각하는 소수의 저자 가운데 사물 그 자체에 대해 사색하는 사람은 극히 드물다. 그들도 대부분 다른 책에 나온 내용과 타인의 주장에 대해서만 사색할 뿐이다. 따라서 그들은 사색하기 위해서 타인이 공급하는 사상이 필요하며, 그 사상에서 생생하고 강력한 자극을 구하지 않으면 안 된다. 이렇게 타인의 사상이 그들의 관심을 끄는 직접적인 주제가 되고 끊임없이 영향을 미치기 때문에 그들은 영원히 자신의 독창적인 사상을 발휘하지 못한 채 끝나고 만다.

이에 반해 매우 극소수의 저자는 사물 그 자체에 대해 사색하며, 사색은 사물 그 자체로 다시 돌려진다. 이들 가운데 영원한 생명을 지닌 저자가 탄생한다. 물론 나는 정신의 존엄성을 여러 각도에서 다루는 저자들에 대해서 논하는 것이다. 즉, 자신의 독창성을 자극성 강한 값싼 술을 제조하는 데 전념하는 저자는 이 부류에서 제외된다.

집필하고자 하는 글의 소재를 자신의 두뇌에서 끌어내는 저자만이 읽을 만한 글을 쓰는 부류다. 그런데 저술가, 교과서 집필가, 범용한 역사가 들은 대부분 자신이 쓸 글의 소재를 다른 여러 책에서 찾아낸다. 이 경우, 글의 소재는 저자의 머릿속에서 통행세를 지불하는 일 없이 손가락으로 바로 옮겨진다. 게다가 가공할 필요도 없기 때문에 이런 책들은 대부분 명확한 의미가 결여되어 있게 마련이다. 따라서 독자들은 그 책이 무엇을 말하는지 이해하려고 해도 머리만 괴로울 뿐 거의 대부분 헛수고로 끝나고 만다. 즉, 그런 책을 쓴 저자들은 아무것도 생각하고 있지 않은 것이다. 따라서 우리는 이러한 저자가 쓴 책을 되도록 읽지 말아야 한다. 또한 최근에 발간된 저서들은 모두 전에 씌인 책들을 개작한 것으로, 이 책들이 원작과는 다른 만큼 진보라고 할 수 있다는 생각은 큰 잘못이다.

사색하는 인간, 정당한 판단력을 지닌 인간, 진지하게 사건을 문제 삼는 인간 등은 예외지만, 요즘 세상은 꿈틀거리는 벌레 같은 '인간쓰레기'들이 널리 지배하고 있다. 이 인간쓰레기들은 예외적인 인간이 숙고 끝에 내뱉은 발언을 언제나 민첩하게 멋대로 개악(改惡)한다. 따라서 어떤 문제를 연구하려면 그것에 대해 논한 신간 서적들을 읽지 않는 것이 바람직하다.

책을 번역하면서 원저자의 주장을 개정하고 가공하는 번역자에 대해서도 한마디 해둬야겠다. 나는 그들의 행동이 늘 건방지다고 생각한다. 번역자여, 번역할 만한 가치 있는 책은 스스로 저술해보도록 하고, 다른 사람이 쓴 책은 그 원형을 손상시키지 말라!

결론적으로 우리는 중대한 문제의 창시자, 건설가, 대가 등이 직접 쓴 저서를 읽어야 하며, 책을 살 때는 전에 나온 책들을 닥치는 대로 요약한 신간보다 오히려 원서의 고본(古本)을 선택하는 것이 현명하다. 즉, 어디에나 통용되는 규칙인 '좋은 것이 새롭게 보이는 경우는 극히 짧은 기간뿐이다'라는 말은 이 경우에도 타당하다.

예술

어떤 행위의 외면적 중요성은 현실에 미치는 영향과 결과에 의해 측정되지만, 내면적 중요성은 인간 생활에서 특수한 면을 발굴해 인간의 본성에 깊은 진리를 깨닫게 하는 것으로 측정된다.

의지의 무거운 압제에서 벗어나기

욕망은 필요성과 결핍 그리고 가난과 괴로움에서 생겨난다. 욕망을 충족시켰다고 해도 무한히 전개되는 또 다른 욕망 때문에 쾌락은 그만큼 짧을 수밖에 없다. 이때의 쾌락은 외형적인 환상에 불과하다.

또한 이 세상에서 의지를 진정시켜 매어둘 힘을 찾기란 불가능하다. 우리가 운명으로부터 받을 수 있는 최대의 선물은 거지의 발아래 던져진 동전처럼 오늘의 목숨에 간신히 풀칠함으로써 괴로운 생존을 내일까지 연장하는 일뿐이다. 즉, 우리가 욕망의 지배와 의지의 주권 아래 놓여 있는 한, 그리고 희망과 두려움에 사로잡혀 있는 한 우리는 안식이나 행복을 손에 넣을 수 없다.

우리는 모두 자신을 끊임없는 욕구의 급류와 의지의 압박에서 구출할 수 있다. 이 순간 모든 사물은 욕구의 색채를 잃게 되며, 또한 탐욕의 대상이 아닌 물아적 관조의 대상이 된다. 그러면 우리는 자신의 모든 이해관계에서 벗어나 사물들을 바라볼 수 있다. 에피쿠로스가 찬양한 최대의 선(善)도 바로 고통을 초월한 이런 상태를 가리킨다. 즉, 우리는 의지의 무거운 압제에서 벗어나 의욕이라는 강제적 부역을 피하고 안식을 즐길 수 있는 것이다.

이 점을 실제로 입증해 보인 사람들이 바로 네덜란드의 화가들이다. 그들은 사소하고 작은 사물도 객관적이면서도 올바르게 바라봤다. 네덜란드 화가들의 작품을 보면 그들이 보잘것없는 사물에 주목해 세심한 필치로 묘사하기까지 얼마나 아름답고 평화로운 심경을 가졌는지를 충분히 알 수 있으며, 이에 깊은 감명을 받는다. 또한 네덜란드 화가들의 그림을 본 사람은 자신을 돌이켜보고, 평온한 심정의 화가와 늘 불안과 욕망으로 마음이 흐트러져 있는 자신을 비교하게 된다.

모든 면에서 초월한 눈으로 인생을 바라보고 그것을 펜이나 연필로 묘사해놓으면, 사람의 인생은 흥미와 매력이 가득 차 헤아릴 수 없을 정도로 깊이 있고 고상해 보인다. 하지만 늘 이런 순수한 감흥 속에서만 살 수는 없다. 괴테도 "어지러운 인생도 그림으로 그려놓으면 아름다워 보이나니…"라고 노래하지 않았는가! 나도 젊었을 때는 내 행위들을 마치 남의 일처럼 하나하나 적어두곤 했는데, 이는 나 자신의 행위를 더 세세히 감상하고 즐기려는 마음에서 비롯되었던 것 같다.

모든 사물은 대체로 우리의 이해관계와 멀어지면 멀어질수록 아름답다. 하지만 인생 자체가 아름다운 것은 결코 아니다. 아름다운 것은 시의 거울에 비쳐서 반사된 인생의 그림뿐이며, 이 그림이 유난히 아름답게 보이는 때는 삶이 무엇인지를 미처 깨닫지 못한 청년 시절이다. 인생이 시의 형태로 표현된 것이 이른바 서정시다. 인간의 완성된 모습과 깊은 내면세계를 보여주는 서

정시는 과거·현재·미래 세대에 속한 무수한 인간이 비슷한 환경에서 경험하는 느낌들을 생생하고 성실하게 전달한다. 시간은 누구에게나 보편적이며, 인간의 마음속에 동요를 일으키는 모든 것과 인간이 환경 속에서 경험하는 모든 것, 그리고 인간이라는 허망한 생물에 숨어서 발동하는 모든 것이 시의 대상이 되므로, 시의 범위는 자연 전체라고 할 수 있다.

예술 행위의 내면적 의의

시인은 인간의 거울이다. 시인의 첫 번째 임무는 인간이 느낄 수 있는 밝은 영상을 묘사하는 것이다. 따라서 어느 누구도 시인에 대해 고결하다거나, 도의적으로 올바르다거나, 신앙심이 굳건하다거나 등으로 말할 수 없으며, 또한 이렇게 하라는 식의 명령조로 말할 수도 없다. 훌륭한 시는 인간의 고뇌, 우환, 악의, 승리, 우연의 지배 그리고 올바르고 순결한 사람의 파멸 등을 묘사하고 있다.

그렇다면 비극적인 내용은 어떠한가? 비극적인 내용에는 고귀한 인물이 오랜 고난과 고통을 겪은 끝에 지금까지 추구하던 목적을 단념한다거나, 일부러 이 세상의 모든 즐거움을 단념하는 장면이 담겨 있다. 칼데론의《불굴의 왕자》속 왕자, 괴테의《파우스트》속 그레첸, 셰익스피어의《햄릿》속 햄릿 등이 그 예이며, 햄릿의 친구 호레이쇼는 그 이름을 더럽히지 않기 위해 고뇌 충만한 세계에 잠시 머물러 있기로 결심한다. 실러의 희곡《오를레앙의 처녀》속 무셸이나 실러 작품 중 최고 비극으로 꼽히는《메시나의 신부》속 주인공도 같은 유형의 비극적인 인물이며, 그들은 모두 고뇌 속에서 살려는 의지를 잃은 채 서서히 죽어간다. 비극의 참된 의의는 그 주인공에게만 국한된 죄가 아니라 유전의 죄, 즉 존재하는 것 자체가 죄라는 심오한 견해에 있다.

비극의 성격과 목적은 인간을 체념으로 인도해 생존 의지 자체를 꺾는 데 있다. 반대로 희극은 우리에게 생존의 욕구를 불러일으키는 데 그 목적이 있다. 물론 희극에도 인생의 고뇌와 염세적 상황을 묘사하는 장면이 나오긴 하지만, 이것은 어디까지나 일시적인 해악으로 결국 마지막에는 기쁨의 환희에 녹아든다. 즉, 희망, 성공, 승리의 교향악으로 모든 것이 해소되는 것이다. 희극은 아무리 불쾌한 일이 많은 세상이라도 그 속에서 늘 즐거운 일로 웃음 지을 수 있다는 사실을 묘사함으로써 독자나 관객에게 기쁨을 선사한다.

희극은 인생에는 재미있고 우스운 상황이 많다는 사실을 보여준다. 따라서 서사시나 희곡을 쓰는 작가는 자신이 운명 그 자체라는 사실을 결코 잊어서는 안 된다. 또한 그들은 인간의 거울이기도 하므로 자신들의 작품에서 사악하거나 이상한 성격을 지닌 사람, 바보, 못난이, 정신박약자를 등장시키는 한편, 반드시 이지적이고 신중하며, 선량하고 정직하며, 특별한 경우에는 고귀하고 관대한 인물도 등장시켜야 한다. 예를 들어, 호메로스의 시에는 선량하고 성실한 인물이 많이 나오지만, 참으로 고귀하고 관대한 사람은 단 한 명도 찾아볼 수가 없다. 셰익스피어의 희곡에는 이런 인물이 한두 명 정도 등장하지만, 그들의 고귀성은 인간적인 것에 국한되어 있다.

네덜란드 화가들의 오묘한 그림을 본 사람들은 대부분 화가들의 뛰어난 기교를 찬양하면서도, 그들의 작품이 일상생활을 묘사할 뿐 인생의 중대한 문제를 다루지 않기 때문에 기교 이외에는 볼 것이 없다고 말한다. 하지만 이 감상법은 크게 잘못된 것이다. 즉, 어떤 행위에 대한 내면적 의의와 외면적 의의는 서로 관련이 없으며, 때로는 많은 차이가 생기기도 한다는 사실을 알아야 한다.

어떤 행위의 외면적 중요성은 현실에 미치는 영향과 결과에 의해 측정되지만, 내면적 중요성은 인간 생활에서 특수한 면을 발굴해 인간의 본성에 깊은 진리를 깨닫게 하는 것으로 측정된다. 그러므로 예술에서는 행위의 내면적 의의가 중요하지만, 역사에서는 외면적 의의가 더 중요하다. 이 양자는 서로 분리되기도 하고 결합되기도 하지만, 사실은 독립된 것이다.

음악이 보여주는 낙원

대부분의 인간 행위는 그 목적과 결과가 무엇이든 간에 근본은 같다. 예를 들어, 몇몇 장관이 지도를 펼쳐놓고 영토나 주민에 대해 논쟁하는 것과 시민들이 술집에 앉아서 트럼프 승부에 대해 아옹다옹하는 것은 본질적으로 똑같은 행위다.

음악은 외부 현상을 표현하는 것이 아니라 쾌락 그 자체이기 때문에 안식뿐만 아니라 비애·고뇌·공포·추상 등의 일반적 본질만을 표현한다. 이러한 추상적 표현을 통해 우리는 일반적인 본질들을 완전히 이해할 수 있다.

음악은 우리에게 친근하면서도 좀처럼 가까이할 수 없는 공간적이고 순간적이며 말로 형용할 수 없는 하나의 낙원을 보여준다. 음악의 선율은 우리가 알고 있으면서도 좀처럼 설명할 수가 없다. 그 이유는 음악이 우리의 가슴속에서 움직이고 있는 의지의 몸부림을 표현하면서도 우리의 온갖 사정이나 처지에 대해서는 아무 말도 하지 않으며, 그 표현에 고뇌의 그림자를 비치지 않기 때문이다.

독서

고전 작가들의 작품을 30분 정도 읽으면 정신이 맑
아지고, 기분도 가벼워지는 느낌을 받는다. 이는 마
치 나그네가 바위틈에서 솟아나는 맑은 물을 마시고
원기를 회복하는 것과 같다.

악서는 독약

　인생과 마찬가지로 문학에서도 우리는 천민을 만나게 된다. 그들은 마치 여름날의 파리 떼처럼 곳곳에서 무리를 지어 살고, 온갖 허접한 짓을 해댄다. 그만큼 악서(惡書)의 수는 헤아릴 수 없을 정도이고, 문학의 세계는 잡초로 무성하다. 잡초는 모든 곡물의 양분을 빼앗으면서 그것을 시들게 한다. 악서는 돈과 지위를 얻으려는 의도로 씌었으며, 악서를 보는 독자는 시간과 돈 그리고 주의력을 빼앗기고 만다. 현재 우리나라의 책 대부분이 독자의 돈을 빼내는 것 이외에는 다른 목적이 없다. 이 목적을 달성하기 위해 작가와 발행인과 비평가가 똘똘 뭉쳐 있다.

　현대의 작가들은 이 시대의 좋은 취미와 참된 교양을 외면한 채 상류층에게 유행하는 책만 읽으라고 권하고 있다. 즉, 사교계에서 어울리려면 반드시 읽어야 한다는 식으로 유혹하는데, 이는 교활한 수법이요 흉계이다. 이런 종류의 책으로는, 일찍이 유명세를 치른 작가들의 졸렬한 소설과 칼 스핀들러(1796~1855. 독일 소설가), 리턴(1803~1873. 영국 작가, 정치가) 등이 쓴 작품들이 있다. 정말이지, 이런 종류의 소설을 탐독하는 사람들의 운명만큼 비참한 것도 없다.

오늘날, 참된 예술 작품을 읽어서 자신의 교양을 높이는 데 사용해야 할 귀중한 시간을 속된 작가들의 졸작에 허비하도록 교활한 전략을 내세우고 있는 곳이 바로 문예 신문이다.

졸작의 수명은 채 1년도 되지 않는다. 오히려 작가들은 어리석은 사람들을 위해 글을 쓰는 만큼 언제나 많은 독자를 거느릴 수 있다는 사실을 생각해야 한다. 그리고 독자는 책을 읽는 짧은 시간 동안 뛰어난 정신의 소유자이며 모든 시대, 모든 민족이 낳은 천재들의 작품만을 숙독해야 한다. 이런 작품들을 읽어야 자신도 발전하는 것이다.

그런데 양서는 읽으려고 해도 뜻대로 잘 읽히지 않는다. 그렇다고 해도 악서는 정신에 독약이며 정신의 파멸을 가져오는 만큼, 양서를 읽기 위해서는 제일 먼저 악서를 멀리해야 한다.

반드시 연속해서 두 번은 읽어야 할 책

책을 산다는 것은 곧 시간을 사들인다는 의미다. 그런데 대부분의 사람이 책을 사는 것과 그 내용을 자기 것으로 만드는 것을 혼동하고 있다. 예를 들어, 자신이 지금까지 읽은 책의 내용을 전부 기억하려는 것은 지금까지 자신이 먹은 음식을 모두 체내에 저장하려는 것과 같다. 물론 지금까지 먹은 음식으로써 육체적으로 살고, 읽은 책으로써 정신적으로 살아서 지금의 내가 된 것은 사실이다. 하지만 우리의 육체가 맞는 음식만을 원하듯, 사람들은 자신이 흥미를 느끼는 것, 즉 자신의 사상 체계 또는 목적에 맞는 것만을 머릿속에 간직한다. 자신의 흥미를 유발하지 못하는 내용은 그 어떤 것도 자신의 것이 되지 못하기 때문에 기억해내지 못하는 것이다. 따라서 중요한 책은 반드시 연속해서 두 번은 읽어야 한다. 그래야 책 속에 담긴 문제의 연관성이 좀 더 선명하게 보이고, 이미 결론을 알고 있는 만큼 앞부분의 내용을 명확하게 이해할 수 있기 때문이다. 또한 두 번째 읽을 때는 같은 내용이라도 다른 가도로 바라볼 수 있다.

작품은 작가 자신의 진수를 보여주는 사색과 연구의 집대성이다. 즉, 작품은 작가가 처한 현실보다 늘 풍부한 내용을 갖추고 있으며, 현실에서 부족한 점을 보충해주기도 한다. 또한 작가가 처한 현실을 훨씬 능가하고 압도한다. 일반인이 쓴 책 중에서도 읽을 가치가 있고, 재미있으며, 유익한 내용을 담은 것들도 꽤 된다. 하지만 작가가 처한 현실은 아무런 흥미도 유발하지 않는다. 따라서 작가가 처한 현실이 만족스럽지 않더라도 그의 책을 읽을 수 있으며, 심지어 그의 책에서 즐거움을 발견하고 어떤 고도의 수준까지 이를 수 있다.

정신을 위한 청량제로 가장 유익한 것은 그리스·로마의 고전이다. 고전 작가의 것이라면 어떤 책이든 상관없다. 고전 작가들의 작품을 30분 정도 읽으면 정신이 맑아지고, 기분도 가벼워지는 느낌을 받는다. 이는 마치 나그네가 바위틈에서 솟아나는 맑은 물을 마시고 원기를 회복하는 것과 같다. 이처럼 고전이 좋은 이유는 고전어가 가지는 완전무결함 때문일까? 아니면 몇천 년이 지나도 상처받거나 약화되지 않은 작품을 쓴 작가 정신의 위대함 때문일까? 아마도 두 가지 모두가 영향을 미쳤을 것이다. 그런데 나는 이 중요한 고전어 학습을 폐지할 날이 곧 오지 않을까, 하는 불길한 예감이 자꾸 든다. 현재 그러한 위험이 다가오고 있다고 가정하면, 우리 문학계는 곧 야만적이고 저속하며 무가치한 것들로 채워질 것이다. 독일어는 고전어의 훌륭한 장점을 다소 가지고 있는 언어다. 이러한 독일어가 서푼짜리 현대 문필가의 조직적 파괴 작업에 의해 불구가 되고, 천박한 은어로 변질되고 있기에 더욱 불안하다.

세상에는 두 가지 역사가 있다. 하나는 정치사요, 다른 하나는 문학예술사다. 전자는 의지의 역사고, 후자는 지성의 역사다. 정치사는 대부분 음모, 불안, 곤궁, 사기, 살인 등으로 채워져 있기 때문에 우리에게 불안감을 줄 뿐 아니라 공포심마저 불러일으킨다.

이에 반해 문학예술사는 청량한 공기로 가득 차 있다. 문학예술사에서 가장 중요한 것은 철학사다. 철학사는 문학예술사의 기본이며, 다른 부분에까지 울려퍼진다. 즉, 다른 문학예술 분야의 주의와 주장을 근본적으로 지도한다. 또한 철학자는 세계를 지배한다. 따라서 진정한 의미의 철학은 가장 강력한 현세적인 권력이다.

법과 정치

인류의 대부분이 소수의 사람을 위해 쓸데없는 물품을 만드느라 그 힘을 쏟고 있으며, 모든 사람에게 반드시 필요한 물품의 생산은 그만큼 줄어들고 있는 것이다.

권리의 개념

적극적이라는 선입견을 가지고 권리의 개념을 정의하려는 사람은 성공하지 못한다. 이는 마치 그림자 같은 '비존재'를 찾는 것과 같기 때문이다. 권리 또는 법의 개념은 자유의 개념과 마찬가지로 부정적·소극적이며, 그 내용은 단지 부정에만 머무른다. 부정 또는 불법의 개념이야말로 적극적이며, 가장 넓은 범위에서의 손상, 즉 '침해'와 같은 의미다. 손상은 사람, 재난, 명예에도 해당한다. 이렇게 생각하면 인권의 개념을 정의하는 것은 간단하다.

사람은 누구나 다른 사람에게 해를 끼치지 않는 범위 내에서 어떤 일을 해도 괜찮다는 권리를 가진다. 어떤 일에 대해 권리를 가진다는 것은 다른 사람을 해치지 않으면 그것을 해도 괜찮다는 의미다. '단순 명쾌한 것은 진리의 표시'인 것이다.

이 논법대로라면 여러 문제가 무의미해진다. 예를 들어, 우리에게 자살할 권리가 있는지의 여부가 문제 될 수 있다. 다른 사람이 우리에 내해 가실 수 있는 권리는 우리의 생명을 해치지 않는다는 조건에 제약된다. 그러므로 이 조건이 채워지지 않는 한 자살할 권리는 없다. 하지만 더 이상 살고 싶지 않다는 사람에

게 다른 사람을 위해 기계처럼 계속해서 살아달라는 것은 지나
친 요구다.

국가가 필요한 이유

국가는 방위 기관일 뿐이다. 즉, 대외적으로는 적의 공격으로부터 나라를 보호하고, 대내적으로는 개인들 간의 공격을 막는 기관이 바로 국가다.

이런 점을 바탕으로 하나의 결론을 유추해낸다면, 국가가 필요한 이유는 인간의 부정(不正) 때문이다. 즉, 인간이 부정한 일을 하지 않는다면 국가는 필요 없어지며, 또한 자신의 권리를 침해당하지 않을까 걱정하는 사람도 없어질 것이다. 국가가 단지 짐승의 공격이나 천재지변을 피하기 위한 단체로서만 존재한다면 그 힘은 보잘것없을 것이다. 굉장한 미사여구를 사용해 국가야말로 인간의 최고 목적이자 정화라고 말하는 속물근성의 사이비 철학자들의 어리석음과 졸렬함은 이 관점에서 보면 더욱 확실해진다.

인간의 사치가 부르는 재난

러시아의 농노 제도와 영국의 대지주 제도의 차이, 즉 농노와 소작인, 거주자, 저당권 설정자 등의 차이는 실제보다는 형식면에서 더 크다. 농민이 농노로 자신에게 속해 있든, 소작인의 토지가 자신의 것이든, 새와 먹이 또는 열매와 나무 등 어떤 것이 자신의 소유이든 간에 본질적으로는 별반 차이가 없다. 셰익스피어도 《베니스의 상인》에서 샤일록에게 "내 생활 수단을 빼앗는 것은 내 목숨을 빼앗는 것이오"라고 말하지 않았는가!

자유농민은 언제든지 넓은 세상으로 나갈 수 있다는 이점을 가지고 있지만, 농노나 '토지에 속한 노예'는 자유농민보다 더 큰 이점을 가지고 있다. 즉, 흉작이나 병 또는 나이가 들어서 일을 할 수 없게 되면 주인이 보살펴주게 된다. 예를 들어, 흉년이 들면 주인은 농노에게 빵을 마련해주기 위해 여러 수단을 강구한다. 그래서 메난드로스(고대 그리스의 신희극 작가)도 "자유의 몸으로 초라하고 비참하게 지내는 것보다 좋은 주인에게 몸을 기대고 사는 것이 훨씬 낫다"고 말한 것이다.

자유농민의 또 다른 이점은 재능만 있다면 좀 더 나은 환경으로 옮길 수 있다는 점이다. 그렇다고 농노나 노예에게 그런 기회가 전혀 없는 것은 아니다. 즉, 농노나 노예가 비교적 어려운 일을 수월하게 해내어 주인에게 없어서는 안될 존재가 되면 이에 걸맞은 대접을 받을 수 있다. 현재 러시아의 수공업자, 공장장, 의사 등은 대부분 노예 출신이며, 농노 출신으로 큰 은행가가 된 사람도 있다. 또 미국에서는 노예 신분으로 돈을 벌어서 몸값을 치르고 자유의 몸이 된 사람도 있다.

빈곤과 노예는 같은 사태의 두 가지 형식에 불과하다. 아니, 명칭만 다른 것이라고 말하고 싶다. 이 사태의 본질은 인간의 힘이 자기 자신을 위해 사용되지 않고, 남을 위해 사용된다는 점에 있다. 이 과정에서 노동의 과중이 생기며, 자신의 욕구를 채우는 일이 어렵다는 말도 나온다. 왜냐하면 자연은 인간 자신의 양식을 대지에서 얻을 수 있을 만큼의 힘만을 인간에게 주었기 때문이다. 즉, 아무도 넘치는 힘을 가지고 태어나지는 않는다. 그런데 대부분의 인간이 먹고살아야 한다는 공동의 짐을 짊어지기에 비참해지는 것이다.

노예나 프롤레타리아라는 이름하에서 대다수의 사람에게 무거운 짐이 지워짐으로써 재난이 생기고 있다. 이 재난의 원인은 바로 사치다. 즉, 소수의 사람이 없어도 괜찮은 것, 여분의 것, 세련된 것을 찾다 보니 인력의 대부분이 반드시 필요한 것들을 생산하는 일에서 손을 떼고 필요 없는 것들을 생산하는 데 집중되어 있음이다. 몇천 명의 노동자가 자신의 오두막은 짓지도 못한 채 호화 저택을 짓는 데 종사하고 있으며, 가족들을 위해 거친 천을 짜는 대신 돈 있는 사람들을 위해 정교한 비단과 레이

스를 짜고 있다. 즉, 대부분의 노동자가 부자들을 만족시키기 위해 사치품을 만들고 있는 것이다. 도시 인구의 대부분은 이런 사치품을 만드는 노동자로 이루어져 있고, 농민은 도시의 노동자나 사치품을 주문하는 사람들을 대신해 밭을 갈고 씨를 뿌리고 방목을 해야 하므로 자연스럽게 자신에게 주어진 힘 이상의 일을 해야 한다.

농민들은 자신의 힘과 토지를 곡물, 감자, 목축에 사용하는 대신 포도, 생사, 담배, 아스파라거스 등을 재배하는 데 할애하고 있다. 또한 설탕, 커피, 차를 수입하기 위해 조선업이나 항해에 종사하는 요원들이 빠져나가고 있다. 이러한 쓸데없는 물품의 생산은 몇백만 명의 흑인 노예를 비참하게 만드는 원인이기도 하다. 그들이 조국에서 강제로 납치당하는 이유도 그들의 땀과 노동으로 향락품을 생산하기 위해서다. 즉, 인류의 대부분이 소수의 사람을 위해 쓸데없는 물품을 만드느라 그 힘을 쏟고 있으며, 모든 사람에게 반드시 필요한 물품의 생산은 그만큼 줄어들고 있는 것이다. 그래서 한편에서는 사치가 성행하는 반면, 또 한편에서는 프롤레타리아의 빈곤, 노예제도의 비극이라는 이름 하에 중노동과 비참한 생활이 존속되고 있다.

노예와 프롤레타리아의 기본적 차이는, 노예는 폭력에 의해 발생하고 프롤레타리아는 책략에 의해 발생한다는 점이다. 사회의 부자연스럽고 비참한 상태를 모면하려는 일반적인 싸움, 많은 사람의 생명을 담보로 하는 항해, 처절한 상업상의 이해관계, 마지막으로 이 모든 것이 동기가 되어 일어나는 전쟁 등의 유일한 발생 원인은 바로 사치다. 그런데 사치는 그것을 좇는 사람들을 절대적인 행복으로 이끌지 않을 뿐만 아니라 오히려 병적으로 더욱 변덕스럽게 만든다. 따라서 인간의 비참함을 덜어낼 가장 좋은 방법은 사치를 줄이든가 아예 버리는 것이다.

이와 같은 생각에 반론의 여지가 없다고 확신한다. 그럼에도 이런 생각은 경험에 의해 확인되는 다른 생각들에 의해 결과적으로 반박 당한다. 즉, 사치품을 만드는 노동으로 인해 인류는 필요한 물품을 만드는 데 사용하는 근육의 힘(자극성)을 상실하는 대신, 이런 상황에서 자유로워지는 신경의 힘(감수성, 지성)에 의해 점차적으로 손실을 매울 수 있다는 것이다. 또한 신경의 힘이 더 상위의 힘이므로 그와 관련된 작업도 근육의 힘을 훨씬 능가한다는 것이다. 이에 에우리피데스(고대 그리스의 3대 비극 시인의 한 사람)는 《안티오페》에서 "일에 대한 꾀 하나는 이따금 많은 손을 능가한다"라고 말했다.

농부만 모여 있으면 발견이나 발명을 할 수 없다. 그리고 손이 놀면 머리가 활동하게 되어 있다. 예술이나 과학은 원래 사치의 아이들이며, 사치라는 물주에게 꾼 돈을 갚고 있는 것이다. 과학은 기계 공학, 물리학, 화학 등 모든 부문에서 기계 문명을 완성했으며, 옛날에는 상상도 할 수 없었던 수준으로 기계들을 발달시켰다. 대부분의 공장은 물론이고, 수공업자나 농부에게도 기계는 큰 역할을 하고 있다. 흰새 놀고먹는 부유층, 인텔리, 두뇌 노동자 들이 모두 힘을 모아 사치스러운 생활을 버리고 농부와 같은 삶을 산다고 해도 이제는 기계의 힘을 도저히 따라갈 수가 없다.

기계로 만들어진 제품들은 부자와 가난뱅이를 막론하고 모든 사람에게 혜택을 가져다주었다. 즉, 예전 같으면 도저히 손에 넣을 수 없었던 물건들을 오늘날에는 싼값에 대량으로 구입할 수 있게 됨으로써 최하층 계급의 생활도 현저히 개선되었다. 중세기에는 영국의 왕이 프랑스 대사를 알현할 때 귀족 중 한 사람에게 비단 양말을 빌려 신었다고 한다. 엘리자베스 여왕도 새해 선물로 비단 양말 한 켤레를 처음 받았을 때 깜짝 놀라면서도 매우 기뻐했다고 한다. 오늘날에는 그런 양말쯤은 누구라도 가지고 있다.

이런 상태로 기계가 계속해서 진보해간다면 인간의 힘은 거의 소용없어질 것이다. 그리된다면 인류 전체의 정신문화도 일반화될 것으로 보인다. 하지만 인류의 대부분이 육체노동에 종사하고 있는 한 그리되지는 않을 것이다. 왜냐하면 언제 어떤 경우에도 자극에 예민한 근육의 힘과 감수성이 예민한 신경의 힘은 적대 관계에 놓이기 때문이다. 즉, 근육의 힘과 신경의 힘의 근처에 있는 생명력은 일정하기 때문이다. 또한 '예술작업은 인간의 습성을 부드럽게 한다'고 했듯이, 얼마 안 있어 크게는 전쟁, 작게는 싸움이나 결투도 이 세상에서 모습을 감출 것이다. 그러나 여기에서 유토피아를 그리는 것이 우리의 목적은 아니다.

이와는 별도로, 사치를 멀리하고 모든 육체노동을 균등하게 나누어야 한다는 위의 논거에서 생각해야 할 점은, 인류라는 대집단은 언제 어떤 경우에도 지도자, 지휘자, 조언자를 필요로 한다는 것이다. 재판관, 통치자, 장군, 관리, 목사, 의사, 학자, 철학자 같은 사람들이 여기에 해당된다. 이들은 대다수의 능력 없고 인생의 미궁에 빠진 사람들을 안내할 사명을 가진다. 이들이 육체노동으로부터 자유로우면서도 결핍이나 불편함에 구애받지 않는다는 것, 아니 그들 작업의 정도에 따라 소유나 향락 면에서 대중보다 훨씬 나은 점이 있어야 한다는 것은 지극히 당연하다. 큰 상인도 그들이 수요를 예견하고 이에 따라가는 한, 노동을 면제받는 지도자 계급에 포함되어야 한다고 본다.

신용

옛날에는 왕관을 떠받치는 지주가 신앙이었지만, 오늘날에는 신용이다. 옛날에는 세상의 죄를 한탄했지만, 오늘날에는 차용금 때문에 전전긍긍한다. 옛날에는 세계 최후 심판이라는 예언이 있었지만, 오늘날에는 대규모의 채무 면제, 국가 재정 파산이라는 예언이 있다. 하지만 사람들은 자신은 그런 변을 당하지 않을 것이라는 희망을 가지고 산다.

유대인의 역사적 배경과 특징

영원한 유대인 아하스페루스는 유대 민족 전체를 인격화한 존재다. 그는 구세주에게 괘씸한 짓을 저질렀기 때문에 이 지상의 생활과 무거운 짐에서 벗어나지 못한 채 타지에서 타지로 헤맸다. 사실 이 작은 유대 민족이 자신들의 땅에서 쫓겨나 고향도 없이 방황하면서 2천 년을 여전히 존속하는 것은 그들의 잘못 때문이며, 또한 운명 때문이다. 그런데 유대인 같은 못된 민족과는 비교가 안될 만큼 위대하고 영광으로 가득 찼던 민족들, 즉 아시리아인, 메디아인, 페르시아인, 페니키아인, 이집트인, 에트루리아인들은 영원한 휴식에 들어가 완전히 사라져버렸다. 반면, 오늘날 나라도 없으면서 여호와의 사랑을 받고 있는 이 민족은 이방인의 신분으로 전 지구상에서 볼 수 있으며, 유례를 찾을 수 없을 만큼 완고하게 국민성을 주장하고 있다. 심지어 가나안 땅에 이방인으로 살고 있었지만 신이 약속한 것처럼 이 땅의 주인이 된 아브라함을 잊지 않고 어디엔가 정착해 뿌리를 내리려고 하고 있다. 왜냐하면 나라 없는 민족이란 허공에 떠 있는 공과 같기 때문이다.

오늘날에도 다른 민족의 땅에서 기생하고 있지만, 자기 민족에 대한 유대인들의 애국심은 상상을 초월할 정도다. 한 사람의 유대인은 모든 유대인을 대신하며, 또한 모든 유대인은 한 사람의 유대인과 같다는 굳건한 단결력을 과시하고 있다. 그만큼 조국 없는 애국심은 다른 어떤 민족의 애국심보다도 열광적이다. 유대인의 조국은 유대인 자체인 것이다. 그러므로 유대인은 유대인 전체를 위해, 그리고 '재단과 난롯가를 위해', 즉 자신들의 종교와 조국을 위해 싸우며, 그 어떤 공동체의 단결력도 그들을 능가하지 못한다.

이런 점에서 어떤 국가의 정부 또는 행정에 유대인을 참여시킨다는 것은 얼마나 부조리한가! 여기에서 말하는 부조리는 절대 종교적인 문제가 아니다. 종교가 문제 되지 않는다는 것은 보통 종교에 등을 돌린 사람 같으면 종교인들의 비난을 받게 마련이지만, 그리스도교로 개종해 세례를 받은 유대인은 절대로 그렇지 않기 때문이다. 개종자들도 여전히 예전처럼 친구이자 동지이며, 그들도 다른 사람들을 진정한 한 민족으로 본다. 그뿐인가, 유대인이 정각에 기도를 드리려면 열 사람이 모여야 하는데, 그때 한 사람이 빠졌을 경우 개종한 유대인이라면 대리 자격으로 참석할 수 있다. 하지만 다른 그리스도교 신자는 절대로 대신 참석할 수 없다. 이것은 다른 모든 종교 행사에서도 마찬가지다. 따라서 유대인을 단지 종교적 종파라고 보는 것은 아주 피상적이고 그릇된 생각이다.

간혹 유대인을 종교적 종파로 보는 오류를 밀고 나가기 위해 유대교를 그리스도교에서 따온 말로 '유대종파'라고 하기도 하는데, 이는 결코 용서할 수 없는 표현이다. 오히려 '유대 국민'이라고 하는 것이 더 타당할 것이다. 유대인에게는 종파라는 것이 없다. 일신론은 그들의 국민성과 국가 헌법의 일부분이며, 또한 자명한 사실이다. 즉, 일신론과 유대 국민은 그대로 바꿀 수 있는 상관개념이라는 사실을 알아야 한다. 유대인의 국민성에 따라다니는 결점은 여러 가지가 있지만, 그중에서도 가장 현저한 결점은 '내성적'이라는 것이다. 물론 이것은 분명한 결점이지만, 세상을 살아가는 데는 적극적인 성격보다 도움 된다. 단, 내가 말하고 싶은 것은 유대인이 가진 결점들은 오랜 기간에 걸친 부당한 탄압에 의해 생긴 것인 만큼 관대하게 봐줄 수는 있지만, 그래도 결점은 어쩔 수 없는 결점이라는 것이다. 나는 이성적인 유대인, 즉 케케묵은 우화나 거짓된 편견을 버리고 세례를 받음으로써 어떠한 명예나 이익도 가져다주지 않는(예외적으로 이익이 있는 경우도 있다) 그들의 동지 사회로부터 탈출하는 유대인을 찬양한다. 이 경우 그리스도교를 아주 진지하게 믿지 않아도 괜찮다. 왜냐하면 젊은 그리스도인이 견진성사에서 "나는 믿습니다"로 시작하는 신앙 부분을 말할 때 모두 다 진지하다고는 할수 없기 때문이다! 그러나 유대인에게 이런 개종 절차를 밟게 하지 않으면서도 이 희비극적인 이상한 제도를 없애는 방법은 유대교도와 그리스도교도 간의 결혼을 허락하는 것이다. 이렇게만 된다면 100년 뒤 유대인의 얼마 안되는 망령도 완전히 추방되고 아하스페루스도 매장되어 선택된 민족 자신이 어디에 있었는지조차 모르게 될 것이다. 그러나 유대인들이 나라 행정에 참여하게 된다면 이러한 소망도 수포로 돌아갈 것이다. 이런 상황에서라면 유대인은 한층 더 '애착을 갖고' 계속해서 유대인으로 살아갈 것이 뻔하기 때문이다. 유대인이 다른 사람들과 똑같은 시민권을 가져야 한다는 것은 사회 정의상 옳은 일이다. 하지만 유대인에게 국정 참여를 허락하는 일은 어리석은 짓이다. 그들은 언제까지나 이질적인 외국인으로 간주되어야 옳다.

약 25년 전 영국 의회에서 유대인 해방 문제가 논의되었을 때, 한 국회의원이 이런 질문을 던졌다.

"어떤 영국계 유대인이 리스본에서 곤궁에 처한 낯선 두 남자를 보았습니다. 하지만 그에게는 두 사람 중 한 명밖에 도울 힘이 없습니다. 그런데 한 명은 영국인이자 그리스도교도이고, 다른 한 명은 포르투갈인이자 유대교도였다면 그는 누구를 도울 것 같습니까?"

이 질문에 대한 대답을 모를 사람은 단 한 명도 없을 것이다. 그러나 이 대답이야말로 유대인에게 어떤 권리를 인정할 것인가 하는 척도를 명확히 제시하고 있다.

내적 본질의 영원성

모든 사물의 덧없음, 허무함 같은 성질을 의식하면 의식할수록 사람은 자기 자신의 내적 본질의 영원성을 좀 더 확실히 자각하게 된다. 왜냐하면 본질과 대비하는 것에 의해서만 사물의 성질이 인식되기 때문이다. 이는 마치 우리가 타고 있는 배의 속도를 알려면 움직이는 배가 아니라 움직이지 않는 해안을 봐야 하는 것과 같은 이치다.

ARTHUR

SCHOPENHAUER

제4부
처세

나에 대한
처세

모든 사람은 고독을 피하거나 견디고, 또 사랑하기
도 한다. 고독에 이르면 일반 사람들은 자신의 무능
함과 무가치를 깨닫고, 뛰어난 사람들은 자신의 위대
함을 느낀다. 즉, 저마다 고독 속에서 '참된 자아'를 알
게 되는 것이다.

고독과 자유

스스로에게 만족해 자신을 만물의 척도라고 생각하면서 "나는 마음속에 모든 것을 갖고 있다"고 말할 수 있다면, 그 사람은 행복을 얻을 자격을 갖춘 셈이다. 우리는 아리스토텔레스의 "행복은 자기 자신에게 만족하는 사람에게만 있다"라는 명언을 명심해야 한다. 왜냐하면 우리가 세상에서 어느 정도 확신을 갖고 의지할 수 있는 대상은 오직 나 자신뿐이며, 다른 사람과의 교제나 접촉은 반드시 여러 손실, 위험, 혐오감, 불쾌감 등을 가져다주기 때문이다.

호화로운 생활은 우리를 행복에서 멀어지게 만든다. 즉, 호화로운 생활은 삶의 '고뇌와 생존'을 희열·쾌락·유흥으로 변모시키려 하지만, 이런 부당한 계획은 실재와 진실에 눌려 영원히 절망의 도가니에 빠지고 만다.

인간은 상대에게 늘 거짓을 일삼을 뿐만 아니라 어느 사회에나 허위의 그물을 쳐놓고 있다. 또한 인간은 사교와 유흥에 빠질수록 온갖 거짓을 일삼으며, 이로 인해 쾌락보다 고통·고뇌에 더 많이 시달리게 된다.

사교적인 집단은 사람들에게 으레 타협과 양보를 강요한다.

또한 사람이 많이 모일수록 그 집단은 무미건조해져서 각자의 개성을 찾아볼 수가 없다. '내가 진정한 나 자신이 되는 경우'는 오직 고독할 때뿐이며, 자유를 즐기는 경우 역시 혼자 있을 때뿐이다. 그러므로 고독을 사랑할 수 없는 사람은 자유를 사랑할 수도 없다. 모든 사교는 반드시 부자유와 희생을 요구하며, 개성이 뚜렷한 사람일수록 이러한 요구를 절감한다.

모든 사람은 고독을 피하거나 견디고, 또 사랑하기도 한다. 고독에 이르면 일반 사람들은 자신의 무능함과 무가치를 깨닫고, 뛰어난 사람들은 자신의 위대함을 느낀다. 즉, 저마다 고독 속에서 '참된 자아'를 알게 되는 것이다. 또한 '자연'의 손에 들어 있는 '귀족명부'에서 지위가 높으면 높을수록 자연스럽게 고독을 벗 삼는다.

정신적 고독과 육체적 고독을 모두 가진 사람은 은총을 받은 사람이라고 할 수 있다. 즉, 정신적 고독만 있고 육체적 고독이 없는 사람은 마치 적의 침입이라도 받은 것처럼 늘 자신과는 어울리지 않는 어중이떠중이들과 함께 지냄으로써 자유와 마음의 안정을 빼앗기고 그에 대한 어떤 대가도 받지 못한다.

자연은 인간에게 도덕적 차별과 이지적 차이를 부여하고 있다. 그러나 사회나 사교모임은 이러한 구분을 무시하고 모든 사람에게 한결같은 예절을 강요하거나, 자연이 부여한 것과는 다른 지위 또는 계급 같은 인위적 등급을 정한다. 하지만 이러한 인위적 등급은 자연의 손에 들어 있는 '귀족명부'의 서열과는 정반대인 경우가 많다. 그만큼 인위적 등급은 천성이 열등한 무리에게는 편리하지만, 뛰어난 천성을 타고난 소수의 사람에게는 대단히 해로운 것이다. 그래서 천성이 뛰어난 소수의 사람이 사교를 멀리하는 것이며, 사교모임에 사람이 많아지면 많아질수록 그 모임은 세속화되어간다. 이렇듯 정신적으로 탁월한 인사들이 사교를 싫어하고 사회를 외면하는 주된 이유는, 자신과 대중 사이에는 분명히 능력과 공적 면에서 큰 차이가 있는데도 사교모임에서 동등한 권리와 요구를 강요당하기 때문이다.

사교계도 세속적인 우월은 모두 인정한다. 단, 정신적 우월에 대해서는 존경심을 갖지 않는다는 것이 문제다. 따라서 이러한 사교계에 들어간 비범한 사람은 사악과 무지를 묵묵히 참아야 한다고 강요 당하는 동시에 자신의 인격적 우월에 대해서는 많은 사람이 간과하길 바라거나 스스로 그것을 덮어두어야 한다. 왜냐하면 정신적인 참된 우월은 표면에 드러내지 않아도 우매한 대중의 질투와 반감을 사기 때문이다. 이런 이유로, 사교모임에 가보면 사랑이나 존경의 대상을 결코 찾을 수 없으며, 자신의 천성을 드러내는 것조차 용납받지 못한다. 즉, 다른 사람들과 보조를 맞추기 위해서는 어떻게든 자신의 능력을 숨기고 진실을 축소함으로써 전혀 딴사람이 되어야 한다. 천재적인 발언이나 사상도 일반 사교모임에서는 시기와 증오의 대상이 되는 것이 일반적이다.

사교모임에서 만족을 얻는 것은 평범한 사람들뿐이며, 비범한 사람이 평범한 사람들과 관계를 맺기 위해서는 자기 자신의 4분의 3을 죽여서 그들과 동등한 위치로 내려가야 한다. 이러한 자기희생의 대가가 전혀 없다고는 할 수 없지만, 그 대가는 단지 다른 사람과의 접촉이나 대중과의 교제 정도에 불과하다. 대대수의 사람은 사교를 통해 생기는 혐오감과 손실, 불쾌감과 자기 부정 등을 연상할 능력이 없다. 한 마디로, 거의 모든 사교는 고독보다 못하므로 사교보다 고독을 선택하는 것이 훨씬 이득이다.

그리고 사교모임에서는 정신적 우월을 배척하는 동시에 자신의 빈약한 정신세계를 비범한 사람의 정신세계와 겨루기 위해서 상류층에 널리 퍼진 거짓, 독단, 인습 등에 얽매인 가치 없는 우월을 내세운다. 이는 사람들이 흔히 말하는 선량한 풍모이고, 고상한 행동이며, 점잖은 말 등이다. 그러나 이런 표면적이고 허식의 우월은 참된 우월과 맞닥뜨리는 순간 그 정체가 드러난다.

자아가 위대하고 풍부한 사람일수록 비애와 고뇌로 가득 찬 인간사회에서 가장 행복한 삶을 즐길 수 있다. 우정, 연애, 결혼이 우리 삶에서 아무리 소중하다고 해도 인간의 본심에 깃든 것, 즉 우리가 진심으로 행복을 빌어 마지않는 것은 바로 나 자신이지 결코 친구나 아내 또는 애인이 아니다. 인간은 객관적으로나 주관적으로 다른 사람과 교섭이 적을수록 행복한 생활을 즐길 수 있다. 고독한 생활에 따르는 모든 손실은 미리 대책을 강구할 수 있지만, 거짓과 사기로 충만한 사교 생활의 유흥, 담소, 쾌락의 이면에는 영원히 회복할 수 없는 해로움이 숨어 있다. 그러므로 청년 시절부터 고독만이 참된 행복과 마음의 안정을 가져온다는 사실을 깨닫고, 고독을 사랑하며, 고독을 감당하는 방법을 배우는 것이 무엇보다 중요하다.

이러한 점에서 분명한 사실 하나는, 오직 자신만을 의지하고 자신이 만물의 척도임을 깨닫는 사람만이 가장 많은 행운을 접하게 된다는 점이다. 자기 안에 지닌 것이 많은 사람일수록 다른 사람에게 기대하는 바가 적어지게 마련이다. 참된 가치를 지닌 진정한 부자는 다른 사람과의 교제에 따르는 커다란 희생을 거부한다. 또한 그들이 자신을 부정하면서까지 다른 사람과 친분을 맺는 행위를 거부하는 이유는 자신의 삶 속에서 어떠한 자기만족을 얻고 있기 때문이다.

한편 자기만족을 느끼지 못하는 사람이 사교적이고 타협적인 것은 당연하며, 이들은 공허한 자신과 직면하는 것보다 다른 사람과 접촉하는 데서 더 큰 편안함을 느낀다. 세상 사람들은 참된 가치를 지닌 사람을 전혀 존경하지 않으며, 그들이 존경하는 사람들은 거의 볼품이 없다. 이렇다 보니 비범한 사람들은 이 사회를 떠날 수밖에 없는 것이다. 평범한 사람들이 더 많은 자유를 만끽하기 위해서는 가급적 대외적인 친분 관계를 줄이고, 나아가서는 교제를 끊는 것이 가장 좋다. 하지만 대부분의 사람은 고독과 자아의 공허함을 감당하지 못해 스스로를 주체하지 못한다. 그래서 사교와 여행, 관광을 즐기는 것이다.

사교모임은 악단에 비유할 수 있다. 권태에 사로잡힌 사람들은 공허함과 단조로움을 이겨내지 못하기 때문에 여러 사람과 떼를 지어 어울려야만 비로소 무엇이고 될 수 있는 것이다. 즉, 모든 속인은 자신이 싫어서 괴로움을 당하고 있다. 이에 반해 정신적으로 풍요로운 사람은 혼자서 연주하는 피아노 연주자에 비유할 수 있다. 피아노가 하나의 관현악을 연주할 수 있는 것처럼, 정신적으로 풍요로운 사람은 하나의 작은 우주를 가지고 있기에 많은 사람이 힘을 합해서 나타내는 것들을 혼자서 거뜬히 해낼 수 있다. 만일 피아노 독주가 아닌 다른 악기와 협연해야 한다면, 피아노는 중심이 되고 그 외의 악기들은 그저 반주만 하게 된다.

사교를 생활화하고 있는 사람에게 해줄 수 있는 충고는, 질적으로 부족한 점을 양적으로 보충해야 한다는 것이다. 즉, 한 명이라도 정신적인 위안이 되는 사람과 사귈 수만 있다면 다른 많은 사람과 교제할 필요가 없지만, 만일 평범한 사람과 접촉할 수밖에 없다면 차라리 여러 사람과의 교제를 통해 어떤 이득이라도 얻어야 한다.

간혹 비범한 사람들이 고상한 목적을 가지고 자신들의 모임을 만들기도 한다. 하지만 많은 평범한 사람이 자아의 공허함을 감당하지 못한 채 변화와 보완을 위해 그 모임에 왔다 갔다 하므로, 비범한 사람들도 이들의 영향을 받아 제대로 뜻을 이루지 못한다. 즉, 평범한 다수의 사람은 파리 떼처럼 곳곳을 누비고 다니며, 그들은 권태를 막고 결함을 보충하기 위해 아무 데나 머리를 들이민다. 게다가 그들 중 일부는 비범한 사람들의 단체에도 침범하여 순식간에 모든 것을 뒤집어엎기 때문에 그 모임은 처음 의도와는 정반대로 가고 만다.

추우면 사람들이 서로 몸을 비비며 언 몸을 녹이는 것처럼, 사교도 서로에게 정신적인 체온을 나누어주는 것이다. 하지만 이미 자기 정신에 충분한 온기가 있는 사람은 이런 마찰이 전혀 필요하지 않다. 이런 점만 봐도 사교적인 사람은 정신적으로 풍요롭지 않은 반면, 비사교적인 사람은 정신적으로 풍요롭다는 사실을 알 수 있다.

이지적인 사람은 고독에 의해 두 가지 이득을 볼 수 있다. 첫째는 자기 자신과 늘 함께 있다는 점이고, 둘째는 제3자와 떨어져 있다는 점이다. 이 가운데 특히 두 번째 이득이 매우 소중한데, 모든 사교가 부자유스럽고 번잡하여 때로는 위험하기까지 한 사람들을 생각해보면 그 이유를 잘 알 수 있다. 프랑스 철학자 라 브뤼에르는 "인간의 모든 고뇌는 혼자 있을 수 없는 데서 비롯된다"고 하였다. 사교를 하다 보면 도덕적으로 흉악하고 무지한 여러 사람과 접촉하게 되므로 위험하다기보다는 오히려 해롭다고 할 수 있으며, 자신의 개성과 특성도 말살되고 만다.

정신적 안정으로 행복을 누리기 위해 모든 재산을 버린 견유파(犬儒派) 인사들을 보자면, 그들이 사교를 멀리한 것은 정말 현명한 일이다. 프랑스 철학자 베르나르댕 드 생 피에르는 "음식을 많이 먹지 않으면 몸이 건강하지 못하지만, 사람을 많이 접촉하지 않으면 마음에 평온함이 찾아온다"고 말했다. 그러나 대부분의 사람은 고뇌와 권태에 시달려 다른 사람들과 접촉하지 않으면 견디지 못하기 때문에 사교를 멀리하고 고독에 잠기는 것은 결코 쉬운 일이 아니다. 아마도 인간에게 고뇌와 권태라는 재앙만 없었다면 인간은 당연히 고독을 선택했을 것이다.

더욱 엄밀히 생각해본다면, 고독은 인간에게 자연스러운 상태가 아니다. 신화 속 아담은 부모가 없었지만, 인간은 적어도 세상에 태어나면서부터 부모 형제를 갖게 마련이다. 따라서 고독을 사랑한다는 것은 타고난 성격이라기보다 경험과 사고의 소산이며, 정신력의 발달은 상당한 세월을 기다려야 하므로 사교성은 나이에 반비례한다고 할 수 있다. 즉, 장년 이상이 되면 혼자서도 잘 지낼 수 있다. 고독은 나이를 먹으면 먹을수록 쉽게 감당할 수 있으며, 늙어서 자신이 과거의 골동품이 되었다는 생각이 들면 고독을 업으로 여기게 된다.

그러나 대체로 고독을 벗 삼는 정도는 각자의 이지력에 따라 차이가 난다. 왜냐하면 고독을 즐긴다는 것은 결코 자연스러운 행위는 아니기 때문이다. 즉, 직접적인 필요에서가 아니라 체험과 이에 대한 반성에서 비롯된 것이기 때문이다.

대부분의 사람이 도덕적으로나 이지적으로 보잘것없는 존재이며, 이로 인해 인간 사회에 흉측한 여러 죄악이 나타나고 있다. 그러므로 사교는 세상에서 가장 혐오스러운 일이다. 온건한 성격에 오랫동안 고독을 사랑했던 프란체스코 페트라르카(이탈리아 시인이자 인문주의자)는 다음과 같이 말했다.

나는 언제나 고독을 추구했다.
천국에 가는, 길 잃은 자들과
눈먼 영혼과 병든 정신을 지닌 자들을 피하며….
(들판과 숲과 강물이 그 증인이다.)

어느 시인은, 비사교적인 성격은 경험과 성찰에서 오며 뛰어난 인물에게서만 찾아볼 수 있다고 말하면서 "세상 사람들은 고독한 사람에게 사교를 즐기지 않는다고 잔소리를 한다. 이는 본디의 숲(도적의 소굴)으로 밤놀이를 가지 않는 사람에게 산보를 즐기지 않는다고 탓하는 것과 같다"고 덧붙였다. 또한 온유하고 경건한 독일의 종교 시인 앙겔루스 실레시우스는 독특하고 신비적인 용어로 같은 의미의 진리를 다음과 같이 언급했다.

해롯은 나의 적, 요셉은 나의 지혜,
하나님은 꿈에서, 요셉에게 재앙을 알린다.
베들레헴은 인간의 세상, 이집트는 고독의 세계,
피해라, 피해라, 나의 영혼이여!
그렇지 않으면 고뇌로 인해 목숨을 잃으리라.

그리고 조르다노 브루노(이탈리아의 철학자)가 "세상에서 천국의 즐거움을 맛보려는 사람은 누구나 '나는 오랫동안 탈출을 시도한 끝에 모든 사람을 피해 고독에 잠겨 있다'라고 말한다"고 한 것도 이와 비슷한 뜻이다. 그런가 하면 페르시아 시인 사디는《굴리스탄》에서 자기 자신에게 "나는 다마스쿠스에 있는 벗들에게 환멸을 느꼈기 때문에 차라리 짐승과 함께 예루살렘의 가까운 벌판에 숨어 산다"고 말하고 있다. 이처럼 프로메테우스가 좋은 흙으로 만들었다는 사람들은 저마다 비슷한 말들을 하고 있다. 그들이 일반 대중과 교제하면서 아무런 기쁨이나 만족도 얻지 못한 것은 어찌 보면 당연한 일이다. 그러니 뛰어난 사람들이 세상을 등지고 고독을 택하는 것은 '정신적 귀속'으로서의 존귀한 위치를 지켜나가려는 의지라고 할 수 있다. 반면, 세속적인 사람들이 사교에 힘쓰는 것은 가련한 일이 아닐 수 없다.

사람들은 나이를 먹어감에 따라 이 세상에는 고독을 지키느냐 또는 세속에 물드느냐의 두 가지 길밖에 없음을 깨닫게 된다. 이렇게 말하면 가혹하다고도 하겠지만, 성자(聖者)로서 자비심과 사랑이 충만한 실레시우스도 같은 의미의 말을 하고 있다.

세상은 좀처럼 견디기 어려운 곳.
그러나 당신들이 못난 사람들과 세속에 젖지 않으면,
허허벌판에 있어서와 같이
언제나 고독을 지켜나갈 수 있으리라.

실제로 정신적으로나 사상적으로 뛰어난 인물들은 늘 다른 사람들과의 평등한 교제를 원하지 않는 것 같다. 그들은 모든 사람을 암흑에서 해방하고 진리를 깨우치게 함으로써 광명을 지향해나가도록 하는 사명을 가지고 있는 만큼, 평범한 사람들은 그들과 어느 정도 접촉할 필요가 있긴 해도 그들처럼 될 수는 없다. 이런 사람들은 어느 순간 자신이 특출하며 여느 사람들과 분명히 다르다는 사실을 자각하게 되고, 이러한 자각은 나이를 먹어감에 따라 더욱 분명해진다.

위에서 말한 것처럼 사람이 고독을 원하는 것은 타고난 성격

탓이며, 이는 뛰어난 인물 또는 나이든 사람에게서 한층 강해진다. 이렇게 고독을 즐기는 사람도 사교의 유혹을 받거나 때로는 메피스토펠레스(괴테의《파우스트》에 나오는 악마)의 소리를 듣게 되는 경우가 있다.

근심 걱정에 잠기는 일은 이제 그만해라.
그것은 몸과 마음을 파먹는 독수리.
어디든 사람들이 웅성거리는 곳으로 나가보라.
그럼 외롭지도 않고, 제법 사람 구실을 할 수 있으리라.

고독은 뛰어난 인물에게 찾아오는 하나의 운명으로, 그들도 때로는 외로움을 한탄하는 경우가 있다. 하지만 이런 외로움은 사교의 번거로움에 비하면 한결 견디기 쉬우므로 그들은 이것을 달게 받아들이는 편이다. 고독은 나이가 들수록 익숙해지는데, 60세쯤 되면 모든 주위 환경이 고독을 찾게 되어 고독은 자연스럽고 본능적인 것이 된다. 다시 말해 노년기에 이르러 사교에 대한 강한 충동인 성욕이 사라지면 일종의 자기만족이 생겨나고, 그러면 자연스럽게 사교에 대한 욕구도 없어진다.

노인은 온갖 헛된 노력과 어리석은 일에서 벗어나 아무런 사회적 계획이나 목적도 없이 안주하게 마련이다. 이런 사실만으로도 노인은 이미 주관적인 생활을 상실한 채 고립되었음을 알 수 있다. 이런 노년기에는 시간의 흐름이 상당히 빠른 만큼 육체적 활동보다 정신적 활동이 더 적합하다. 따라서 중장년 시절의 두뇌를 그대로 지니고 있는 노인이라면 많은 지식과 경험 그리고 오랫동안 길러온 사상과 성숙한 정신력을 바탕으로 한결 흥미롭고 슬기롭게 학술 연구에 종사할 수 있다.

인생의 말년에 이르면 사람은 자신의 모든 진가를 확인하게 되며, 오랜 경험에 의해 세상 사람들에게 별 기대를 하지 않게 된다. 이러한 노년기의 소중한 특권은 각자가 지닌 정신적 능력에 따라 다르게 나타나지만, 누구나 어느 정도는 지닐 수 있다. 단, 너무 빈약한 정신적 능력과 범속한 성격을 지닌 사람들은 늙어서도 여전히 사교를 원한다. 이런 사람은 젊어서는 사교계의 주인공이었을지 몰라도 노인이 된 지금은 얼굴만 내비치는 사람에 불과하므로, 주위 사람들이 오히려 거추장스러워할 수도 있다.

나이와 사교에 대한 욕구가 상반되는 이유는, 사람은 어릴수록 배울 게 많은 만큼 '자연'이 그들에게 강한 사교 욕구를 부여하여 동등한 사람들과 많이 접촉하게 함으로써 서로서로 배우도록 하기 때문이다. 물론 책이나 학교에서도 많은 것을 배우지만, 일반 서적이나 학교는 인위적인 잔재주를 가르치기 때문에 광범위하고 정밀하며 가장 직접적이라고 할 수 있는 '자연' 교육법과는 차이가 난다. 따라서 젊은 사람일수록 열을 올리는 사교는 '자연 학교'에서 가장 효과적인 방법으로 적절한 교육을 받는 것이라고 할 수 있다.

오라스 소쉬르는 "철저한 선(善)은 어디에도 없다"고 말했으며, 인도에는 "매듭 없는 연꽃은 없다"는 속담도 있다. 이 말들처럼 고독 속에도 많은 이득만큼이나 사소한 손실과 불편함 들이 있다. 그러나 손실이 많은 사교에 비하면 매우 사소하므로, 비범한 사람들은 다른 사람들과 교제하는 것보다 혼자 있는 것이 훨씬 더 이득이다.

그런데 너무 오랫동안 집 안에만 있었던 사람은 외부의 자극에 민감해져서 조금만 찬바람이 불어도 감기에 쉽게 걸리는 것처럼, 소란한 일상에 익숙한 사람은 상대방의 사소한 언행이나 표정에도 금방 불안해지거나 불쾌감을 느낀다. 특히 청년기에는 늘 고독을 원하면서도 외로움을 감당할 길이 없을 수 있다. 이럴 때는 다른 사람들과 교제하면서도 어느 정도 고독을 유지하고, 자신의 생각을 좀처럼 말하지 말며, 다른 사람의 이야기에 관심 갖지 말고, 도덕적·이지적으로 남에게 많은 기대를 갖지 말며, 항상 그들에게 너그러운 아량을 베풀 수 있도록 그들의 의견에 무관심한 태도를 취하는 것이 좋다. 그럼 많은 사람과 교제하면서도 객관적인 냉담함을 유지할 수 있으며, 그들 때문에 자신을 더럽히거나 손상시키는 일이 없다.

사교는 모닥불에 비유할 수 있다. 즉, 지혜로운 사람은 모닥불에서 어느 정도 떨어져서 불을 쬐지만, 지각 없는 사람은 모닥불 가까이에 앉아 있다가 손을 데이고는 한파 속에서 모닥불의 위험성만을 탓한다.

가장 독한 증오, 질투

질투는 인간에게 자연스러운 것이지만, 한편으로는 부도덕할
뿐더러 불행을 야기하기도 한다. 따라서 우리는 질투를 행복의
적, 육신의 악마로 간주해 짓밟아버려야 한다. 세네카도 "자신의
소유에 만족하고 이를 즐기려면 다른 사람과 비교하지 말라. 자
신보다 나은 사람의 행복을 부러워하며 배 아파하는 사람은 결
단코 행복할 수 없다. 자신보다 나은 사람보다 자신보다 못한 사
람이 얼마나 많은지를 생각하라"고 권고하였다.

우리는 늘 위보다 아래를 보고 살아야 하며, 자신보다 행복한
것처럼 보이는 사람이 정말 그렇게 행복할까, 하는 의심도 지녀
야 한다. 또한 어떤 재앙을 당했을 때 가장 효과적인 위로는 자
신보다 더 불행한 사람을 돌아보고 자신과 비슷한 불행을 느끼
는 사람과 만남으로써 질투의 눈초리를 반대 방향으로 돌리는
것이다.

그렇다면 질투의 수동적인 면을 살펴보자. 질투는 증오 가운
데서도 가장 독한 것이므로, 천박한 허영심으로 스스로를 자랑
함으로써 다른 사람의 질투심을 자극해서는 안 된다. 즉, 허영심
으로 가득 찬 즐거움은 다른 모든 쾌락과 마찬가지로 위험한 결

과를 초래하기 쉽다는 사실을 명심하고, 허영심을 버리는 것이 바람직하다.

귀족에는 세 가지 부류가 있다. 첫째는 문벌과 지체가 높은 귀족, 둘째는 재산이 많은 귀족, 셋째는 정신적 귀족으로, 이 가운데 세 번째 귀족이 가장 우월하다. 하지만 다른 사람들이 이를 인정할 때까지는 어느 정도의 시간이 필요하다. 예전에 볼테르가 프리드리히 대왕의 연회석상에 초대되었는데, 장관이나 장군들은 시종석에 앉고 볼테르만이 왕후와 왕족의 자리에 앉은 데 대해 궁의 대신들이 못마땅한 표정을 지었다. 이에 대왕은 "볼테르의 정신적인 위안은 왕후와 동격이다"라고 말했다. 이렇듯 세 번째 부류의 귀족들은 주위 사람들의 질투를 많이 받는데, 대부분의 사람은 정신적 귀족과의 접촉을 통해 너도 나와 다를 바가 없다는 사실을 상기시키려고 든다. 하지만 그들의 이러한 노력은 가끔 정반대의 결과를 낳기도 한다.

한편 질투를 받는 사람은 모든 질투의 눈초리를 멀리하고 계속해서 어느 정도의 간격을 유지하는 것이 좋다. 그러나 그리할 수 없다면, 오늘날 여러 사람이 실천하고 있듯이 냉정한 태도로 상대방의 잔재주를 묵살해버리면 된다. 위에 언급한 세 부류의 귀족은 서로에게 질투를 느끼는 일이 거의 없다. 이는 자신들의 특권을 앞세움으로써 상대방과 균형을 유지할 수 있기 때문이다.

필요 없는 후회

어떤 일을 수습할 수 없을 때 "이렇게 될 줄 몰랐어" 또는 "저렇게 했다면 이런 결과가 나오진 않았을 텐데…"라고 후회해서는 안 된다. 왜냐하면 이런 후회는 괴롭기 짝이 없으며, 스스로를 고문하는 것과 같기 때문이다. 이럴 때는 차라리 다윗 왕을 본받는 편이 낫다. 다윗 왕은 어린 자식이 병상에 누워 있을 때는 끊임없이 여호와에게 자식의 회복을 빌었지만, 자식이 죽자 조금도 회한에 잠기지 않았다.

상상력의 힘

인간의 행복 및 불행과 관련한 모든 일에 대해 자신의 상상력을 가급적 억제해야 한다. 특히 상상력을 동원해 사상누각을 지어서는 안 된다. 사상누각만큼 큰 낭비도 없을 뿐더러 그 누각은 이내 한숨을 토하며 자신을 괴롭힐 것이기 때문이다.

하지만 무엇보다 멀리해야 할 것은 온갖 불행을 상상해서 부질없이 걱정하는 일이다. 이 걱정이 오직 상상의 산물이거나 자신과는 시간적·공간적으로 동떨어진 경우, 재빨리 걱정에서 벗어나 모든 것이 하나의 환영이었음을 깨닫는다면 평온한 현실을 즐기고 불행에 대한 경계심을 키울 수 있다. 하지만 상상력의 힘은 극단에서 극단으로 달리는 것이 보통이므로, 이런 간접적인 이득보다 직접적인 손실이 더 큰 편이다. 즉, 상상력이 아름다운 신기루를 만들어 인간을 기만하고 가상의 위험을 사실보다 몇 배나 확대해 절박하고 두려운 것으로 보여줄 경우, 비록 미래의 일이라도 현실적인 위협을 느끼지 않을 수 없다. 그런데 이러한 악몽은 재미있고 우스운 꿈과는 달라서 좀처럼 소멸되지 않으며, 계속해서 마음속에 남아 꼬리를 감추지 않는다. 불행의 일반적인 성질로 미루어보자면, '있을 수 있다'는 상상은 있는 정도를 정확히 예측할 수 없기에 그 실현 가능성이 현실적으로 느껴진다. 그래서 사람들이 두려움에 사로잡히는 것이다. 따라서 인간의 행복과 불행에 대해서는 어디까지나 이성적이며 분별 있는 눈으로 바라봐야 한다.

건강, 수면, 영양, 계절, 기후, 주거지 등의 여러 외부 사정은 기분에 큰 영향을 미치며, 기분은 인간의 사유에 막대한 영향을 미친다. 이러한 사물 및 사건과 기분의 관계에 대해 괴테는 이렇게 말했다.

좋은 기분을 이용하라!
하지만 이는 매우 드문 경우이다.
독창적인 사상이나 독특한 개념을 얻으려면 이에 적합한 시기를 기다려야 하는 것처럼,
평상시의 사건을 근본적으로 생각해보는 데도 시간이 필요하며,
때가 되면 스스로 좋은 생각이 떠오르는 법이다.

또한 과거에 받았던 상처, 손실, 모욕, 멸시, 불쾌감 등을 머릿속에 그리는 일도 삼가야 한다. 오랫동안 과거 속에 매장되어 있던 분노와 수치스러웠던 감정이 북받쳐 마음을 어지럽히기 때문이다.

처세법

우리에게 작은 이익만을 가져올 뿐 오히려 갖가지 재앙을 일으키는 욕구와 분노를 억제하는 것이 중요하다. 즉, 절제하고 근신하는 것이 처세법의 요점이며, 이를 무시한다면 아무리 큰 재물이나 권력을 갖고 있어도 불안과 불만을 피할 수 없다. 소쉬르도 이 점에 대해 다음과 같이 말했다.

박식한 현자(賢者)들의 가르침을 읽고 배워서
평생을 평온하게 보내노라.
탐욕에 흔들리지 말며, 쓸모없는 것들을 바라지 말라.
그리고 없다고 상심하지도 말라.

단조로운 안정

"생명은 움직임 속에 있다"는 아리스토텔레스의 말은 진리다. 인간의 육체적 생명은 끝없는 운동 속에서 그 명맥을 이어나가며, 정신적 생명도 행위나 사고에 의해 부단히 활동함으로써 계속 이어진다. 우리가 아무 일도 안 하고 있을 때 무심코 손마디를 꺾어 소리를 내거나, 옆에 있는 물건을 매만지는 이유도 이 때문이다. 인간은 원래 동적인 존재이기에, 정지 상태는 무서운 권태를 초래해 스스로 감당하지 못하는 것이다.

그런데 이 활동적인 본능을 질서 있고 유효하게 만족시키려면 어느 정도의 절제가 필요하다. 어떤 일에 종사하고, 무엇을 만들며, 무엇을 배우는 활동은 행복의 조건이다. 또한 어떤 활동을 요구하고 그 활동에 따른 결과를 기다리는 것은 인간의 본능적 욕구이기도 하다. 이 욕구를 가장 크게 만족시키는 방법은 어떤 물건을 만들거나 일을 성취하는 것이며, 가장 직접적인 행복을 가져오는 것은 자기 손에서 일이 원활하게 진행되고 나날이 완성되어가는 모습을 보는 일이다. 예를 들어, 미술품을 제작하거나 책을 쓸 수 있는 두뇌를 가진 사람이야말로 가장 행복한 사람이며, 그들의 생애는 특수한 흥취로 가득 차 있다. 이에 비해 일반인의 생활은 무미건조하기 짝이 없다.

다시 말해 이런 정신적 능력을 갖춘 사람들은 인생과 세계에 대해 물질적 흥취 이외에도 내면적 흥취를 느낄 수 있으며, 그 속에서 자신의 일과 관련한 재료를 얻을 수 있다. 따라서 생활이 보장되는 한, 평생 이러한 재료를 수집하고 창작에 힘씀으로써 순수한 활동을 지속할 수 있는 것이다. 우리는 정신적 능력을 갖춘 사람들의 지성을 크게 두 가지로 나눌 수 있다. 첫째는 보통 사람들의 지성과 마찬가지로 세속적인 일에 대한 지성이며, 둘째는 사물을 순전히 객관적으로 고찰하는 지성이다.

인간은 어떤 조직적인 활동을 하지 않으면 적막감과 불행함을 자주 느낀다. 우리가 몸과 마음을 움직여 장애물과 싸우는 것은 마치 두더지가 흙 속을 파고드는 것처럼 필요하면서도 자연스러운 일이다. 만일 우리에게 어떤 영원한 쾌락과 만족이 부여되어 '정지 상태'가 되어버린다면 우리는 도리어 이 상황을 감당하지 못할 것이다.

고난을 극복하는 것이 인간의 가장 큰 쾌락이다. 단지 고난은 사람마다 달라서 실제적인 활동처럼 물질적이기도 하고, 학구적인 생활처럼 정신적이기도 하다. 우리가 행복감을 느끼는 순간은 이런 장애물과 싸워서 이길 때다. 인간이 억지로라도 활동 동기와 기회를 만들어 움직이는 것도 이 때문이다. 그래서 인생의 명암이나 선악의 대부분이 이러한 인위적이고도 자발적인 활동에 기인하는 것이다. 어떤 사람은 자신의 개성대로 큰 사업을 계획하고, 어떤 사람은 사냥이나 운동 경기에 열중하며, 또 어떤 사람은 자신도 모르는 사이에 본성의 사주를 받아 싸움을 걸고 음모를 꾸미는 등의 나쁜 짓을 한다. 이 모든 것은 억지로라도 정지 상태에서 벗어나고자 하는 절박한 몸부림에 불과하다. 단조로운 안정은 오히려 고통스러울 뿐이다.

두뇌가 상처 입는 일

인간에게 행복의 첫 번째 요소는 바로 건강이다. 우리는 건강을 증진 및 유지하기 위해 무엇보다도 신체를 단련해야 한다. 신체의 전부 또는 부분 부분을 충분히 사용해 모든 악조건에 대항할 만한 저항력을 키워야 한다. 그러나 일단 병에 걸리면 이와는 반대로 늘 안정을 취해야 한다. 약한 몸을 단련할 수는 없지 않은가!

근육은 맹렬하게 움직일수록 강해지지만, 신경은 반대로 약해진다. 그러므로 근육을 단련하기 위해서는 적당한 운동을 꾸준히 해주는 것이 좋고, 신경을 안정시키기 위해서는 너무 밝은 광선, 특히 번쩍이는 반사광이나 저녁의 어스름을 피하고, 지나치게 미세한 것을 들여다보지 말며, 큰소리에 노출되지 않도록 주의해야 한다.

그래도 건강을 유지하기 위해 가장 중요한 점은 두뇌를 혹사하지 않는 것이다. 우선, 음식이 소화되는 시간에는 두뇌 활동을 쉬어야 한다. 그 시간에는 위와 장에서 음식을 소화하기 위해 두뇌 활동에 필요한 만큼의 에너지가 사용되기 때문이다. 또한 근육을 많이 움직일 때나 그 직후에도 두뇌를 많이 쓰지 않는 것이 좋다. 이는 두뇌에 2중의 고역 또는 휴식 없는 고역을 강요하는 것과 같기 때문이다. 운동신경과 지각신경은 그 뿌리가 같은데, 몸의 국부적인 진통이 두뇌에서 느끼는 진통인 것처럼, 손발이 움직이는 것도 두뇌의 한 부분이 척추를 통해 손발의 신경을 자극하는 데서 온다. 따라서 손발의 피로는 곧 두뇌의 피로이기도 하다. 피로가 생기는 이유도 수의적(隨意的) 운동, 즉 뇌를 통해서 작용하는 근육을 많이 썼을 때뿐이며, 심장 같은 불수의적(不隨意的) 운동으로는 피로가 오지 않는다. 격렬한 육체노동과 정신 활동을 동시 또는 연속해서 할 경우 두뇌가 큰 손상을 받는 것도 바로 이 때문이다.

그러나 적정 시간 동안 걷거나 산책하는 것은 정신 활동을 한층 활발하게 만드는 데 큰 도움이 된다. 즉, 가벼운 산책을 할 경우 두뇌까지 피로가 전해지지 않고, 근육 활동으로 인한 호흡으로 신선한 공기가 체내에 들어오며, 충분히 산화된 피가 두뇌를 쉬게 하기 위해 잠을 유도한다. 잠이 몸에 미치는 영향은 마치 시계의 태엽과도 같다. 활동이 많을수록 잠을 많이 자야 하지만, 지나치게 오래 자는 것은 '길이'에서 얻은 것을 '깊이'에서 잃는 것이므로, 결국 소중한 시간만 낭비하는 꼴이다.

눈을 혹사하면 눈에 장애가 오는 것처럼 두뇌를 너무 많이 쓰면 두뇌도 상처를 입는다. '위가 음식을 소화하는 것처럼 두뇌는 사물을 생각한다'는 말도 있지 않은가! 그러나 두뇌에 자리 잡고 앉아 생각하는 작업만을 시행하면서 피로를 못 느끼게 만드는 어떤 비물질적인 것이 두뇌의 무리한 활동을 강요하는 바람에 정신력을 소진해버리는 사람들도 얼마든지 있다. 예를 들어 프리드리히 대왕은 잠자지 않는 습관을 들이기 위해 애썼다.

정신력을 생리적 기능으로 보고 열심히 가동하는 것도 좋지만, 한편으로는 휴식의 시간도 주어야 한다. 즉, 육체적 질환과 이상은 모두 정신 활동에 큰 영향을 미친다는 사실을 명심해야 한다.

두뇌를 많이 쓰는 위인, 학자 들이 나이를 먹으면 치매에 걸리거나 어린아이처럼 행동하고, 때로는 미치기까지 하는 이유도 인체의 생리리듬을 무시하고 두뇌를 혹사했기 때문이다. 예를 들어 영국의 월터 스콧, 윌리엄 워즈워스, 로버트 사우디 같은 유명 시인들이 60대에 들어서자 정신력의 대부분을 상실하거나 치매에 걸렸는데, 그 이유는 돈에 끌려 글을 팔았기 때문이다. 또한 추측건대, 칸트가 만년에 4년 동안 어린아이처럼 변한 것도 명성 드높던 시절에 저술을 위해 머리를 혹사했기 때문이다. 즉, 두뇌의 혹사가 인간의 모든 생리 상태와 정신 상태에 매달 기상학적(氣象學的)으로 특수하고 직접적으로 영향을 미쳐 이런 일이 생기는 것이다.

삶에 대한 권리

우리가 세상을 살아가기 위해서는 매사에 조심하고 아량을 베풀어야 한다. 즉, 매사 조심함으로써 피해와 손실을 피하고, 아량을 베풂으로써 충돌과 분쟁을 피하도록 한다. 또한 이 넓은 세상에서 살아가려면 결코 다른 사람의 개성을 배격해서는 안 된다. 그 개성이 아무리 악질적이고 무가치해도 '자연'이 그렇게 정해준 이상 변하지 않으므로, 영원한 형이상학적 이법(理法)에 의해 이루어진 것으로 간주해야 한다. 따라서 눈 뜨고 볼 수 없을 정도로 한심한 사람이라도, 세상은 선인이나 현자들만이 사는 곳이 아닌 만큼 그들의 삶에 대한 권리도 인정해주는 것이 도리다.

어떤 사람의 개성을 철저히 배격한다는 것은 그의 숨통을 끊는 것과 같은 행위로, 오히려 비난받아 마땅하다. 왜냐하면 그의 선천적인 개성, 즉 도덕적인 성격이나 지능, 용모는 어느 누구와도, 또한 어떠한 방법으로도 바꿀 수 없기 때문이다. 한 인간의 됨됨을 송두리째 배격하는 사람은 상대방에게 불가능한 일을 하라고 강요하는 것과 같아서, 생존 권리를 인정하지 않는 '생명의 약탈자'라고밖에 볼 수 없다. 그러므로 적어도 남들과 어울려 살아가려면 모든 사람의 타고난 개성을 인정하고, 그에 대한 생존 권리와 자기주장의 권한을 인정하며, 각자의 성격과 소질을 적절히 사용하는 것이 바람직하다. 결코 그 사람이 개성을 완벽하게 바꾸길 바란다거나 철저히 배격해서는 안 된다.

'너도 살고 남도 살려라'라는 속담도 이와 동일한 가르침이다. 그러나 이를 실천으로 옮기기란 결코 쉽지 않다. 따라서 여러 사람과 접촉할 필요가 없는 입장이라면 그 이상 좋은 것이 없다.

인간에 대한 인내를 배우려면 무생물에 대한 인내부터 배워야 한다. 인간 이외의 모든 사물은 거의 날마다 기계적이고 물리적인 불가항력으로 우리의 행위에 큰 훼방을 놓고 있기 때문이다. 따라서 이에 대한 인내력을 키우면 인간에게도 그대로 인내력을 발휘할 수 있을 뿐 아니라, 불가피하게 생기는 것으로 생각되는 천재(天災), 물재(物災), 인재(人災)의 세 재앙에 대해서도 한결같은 인내심을 유지할 수 있다. 다른 사람의 행위에 분노를 느끼는 것은 마치 발끝에 돌이 굴러왔다고 화를 내는 것처럼 못난 짓이다. 즉, 그가 새로운 사람이 되기를 원하기보다 그의 개성을 이용하는 방법을 강구하는 것이 현명한 태도다.

열등한 사람과의 대화법

    사람은 누구나 자기보다 더 큰 세계를 인정하지 못한다. 즉, 모든 사람은 제3자에 대해 단지 자신이 알 수 있는 면만을 헤아릴 뿐이다. 다른 사람에 대한 이해나 인식은 자기 자신의 지능 정도에 따라서 결정되는 것이다. 따라서 정신적으로 아무리 뛰어난 사람이라도 정신적으로 열등한 사람들에게는 어떤 감동도 줄 수 없다. 열등한 지능을 가진 사람들은 오직 자신의 개성 속에서 상대의 약점과 성격적 결함만을 인지하기 때문이다. 그래서 정신적으로 뛰어난 사람이 정신적으로 열등한 사람에게 냉정한 태도를 취하는 것이며, 후자와 전자는 마치 장님이 광명을 모르는 것과 비슷하다.

    자신보다 열등한 사람과 이야기를 나눌 때는 자신을 그와 동등한 수준으로 끌어내려야 한다. 하지만 상대방은 '내가 나 자신의 탁월한 점을 하나도 전달하지 않고, 나 자신을 부정하면서 높은 곳에서 낮은 곳으로 내려와야 한다'는 사실을 조금도 인식하지 못한다. 따라서 대부분의 세상 사람이 열등한 성격과 지능을 가진 평범한 존재라는 사실을 염두에 둔다면, 정신적으로 뛰어난 사람은 그들과 이야기를 나누는 동안 평범한 인간이 될 수밖에 없다는 점을 깨달을 뿐 아니라, '자기 자신을 일반화한다'는 말의 의미를 완전히 이해할 수 있게 된다. 이때 자신을 일반화하는 것이 자신의 열등한 부분이어야 하니, 차라리 그런 사람들과의 접촉을 피하고 자신의 존엄성을 지키는 것이 현명하다.

열등한 사람들에게 자신의 뛰어남을 나타내는 방법이 하나 있긴 하다. 그것은 그들과 일절 접촉하지 않는 것이다. 그러면 탁월한 모든 사람은 자신의 주위에서 웅성거리는 세상 사람들을 똑바로 보고 큰 절망을 느끼며, 마치 무용가가 무대에 나와 앉은 뱅이를 상대했을 때와 같은 느낌을 갖게 될 것이다.

'나는 대체 누구와 함께 춤을 추었던가?'

사랑과 존경심

라로슈푸코가 "같은 사람에게 사랑과 존경심을 동시에 갖기는 매우 어렵다"라고 한 말은 합당해 보인다. 정말 우리는 다른 사람에 대해 사랑과 존경심 중 하나만을 선택할 수밖에 없다. 그런데 인간의 사랑이란 겉으로 보기에는 여러 형태로 나타나지만, 결국 다 이기적이다. 게다가 우리가 사랑받고 있는 면이 반드시 우리의 자랑이 될 만한 것이라고도 할 수 없다.

하지만 존경심은 사랑과 다르다. 즉, 존경심은 의지와는 달리 강요되며, 은폐되어 있는 경우가 많다. 존경이 사랑보다 더 큰 만족감을 주는 것도 이 때문이다. 존경심은 우리 자신의 가치에서 비롯되며, 사랑은 허다한 이기적인 불순물을 내포하고 있다. 왜냐하면 사랑은 주관적이고, 존경은 객관적이기 때문이다. 그러므로 실리적 측면에서 본다면 존경을 받는 것보다 사랑을 받는 것이 더 이익이다.

자기중심과 허영심

사람은 이기적이어서 자신과 관련된 것 이외에는 어떠한 감흥도 느끼지 못한다. 즉, 인간의 모든 이해관계는 오직 자기 자신에게만 쏠려 있다. 대부분의 사람은 귀에 들리는 모든 말을 오직 자신의 입장에서만 생각하기 때문에 스치는 말이라도 자신과 관계가 있다 싶으면 온 신경을 거기에 집중한다. 이렇게 '자기중심'과 '허영심'이 앞서면 아무리 이치에 맞는 말이라도 '나'에게는 마이동풍(馬耳東風)일 뿐이다.

또한 사람들은 쉽게 기분 나빠하고 모욕감을 느끼기 때문에 아무리 조심해서 말을 건네도 사소한 말에 상심하곤 한다. 이것 또한 모든 이해관계를 '자신'에게 집중하고 있기 때문이다. 다른 사람의 말이 진실하든 올바르든 또는 교묘하든 훌륭하든 전혀 알 바가 아니다. 하지만 사람들은 아무리 간접적이라고 해도 자신의 허영심을 손상하는 말이나, 소중한 '자신'에게 이롭지 못한 말에는 대단히 빠르게 반응한다. 이처럼 이기적으로 민감한 사람늘의 모습은 잘 짖어대는 발바리를 연상케 한다. 이 개는 너무 작아서 지나가는 사람이 앞발이나 꽁무니를 잘 밟게 되는데, 그럼 그 개는 미친 듯이 짖어댄다.

세상 사람들의 이러한 '자기중심'은 상당히 뿌리 깊어서, 만일 그들에게 나 자신의 재능과 지식을 보여주거나 그것들을 잘못 감추었다가는 대뜸 그들을 모욕한 것이 되어 적개심의 대상이 된다. 세상 사람들의 이러한 성향을 잘 모르면 자신의 지능을 펼쳐 보이다가 나중에 그들의 원한과 미움을 사고는 '왜 그러지?' 하며 고개를 갸우뚱한다. 이런 사람들은 너무 쉽게 남의 아부를 믿어서 농락당하기 쉽다.

　이처럼 심각한 병이라고 할 수 있는 '자기중심'의 가장 뚜렷한 증거는 점성술이다. 즉, 인간은 지구와는 비교조차 되지 않는 천체의 운행을 보잘것없는 자기 개인 일에 결부하여, 혜성이 나타나면 전쟁이 일어나느니 소동이 일어나느니 하며 떠들어댄다. 이는 옛날부터 계속해서 성행하는 한심한 일이다.

부자연스러운 것의 불완전성

아무리 선량한 성격을 지닌 사람이라도 올바른 관념과 교훈은 필요하다. 하지만 타고난 본성을 저버리고 이지적 사고에 의해 새로운 후천적 성격을 만드는 일은 전혀 불가능하다. '천성은 쫓아내도 곧 되돌아온다'는 로마의 속담도 있지 않은가!

우리는 모든 사람의 행동에 대해 어떤 이상적인 규범을 쉽게 생각해낼 수는 있지만, 희한하게도 실생활에서는 그 이상적인 규범을 제대로 실천하지 못한다. 그렇다고 지나치게 실망하거나 또는 실제 생활에서는 추상적인 교훈이나 격언대로 행동할 수 없으므로 차라리 멋대로 행동하는 것이 낫다고 생각해서는 안 된다. 이는 실제와 이론적 가르침과의 관계에서 기인한다. 즉, 이론은 이성과 지혜로 이해되지만, 실천은 훈련을 통해 점차 길들여야 하기 때문이다. 이는 우리가 어느 정도 악기 이론을 공부하거나 목검 사용법을 배워도 실제로 악보에 맞춰서 연주하거나 시험장에 나서면 배운 대로 잘 안되는 경우와 같다. 반복된 연습을 통해 익숙해져야 비로소 잘할 수 있게 되는 것이다. 예를 들어, 고지식한 사람이 팔방미인 사교가로, 수다스러운 사람이 과묵한 위인으로, 찬찬하지 못한 사람이 빈틈없는 꼼꼼한 인물로 변하는 것도 여러 단계를 거친 뒤의 일이다.

그러나 오랜 수련으로 이루어진 자기교정은 외부의 강요에서 비롯된 것이므로, 타고난 천성은 결코 여기에 굴복하지 않을 뿐더러 수시로 이에 반항함으로써 본래의 자신을 폭발시키곤 한다. 다시 말해, 추상적인 법칙에서 기인한 모든 행위와 본래의 고유 성격은 마치 어떤 기계와 유기체 같다. 여기에서 전자는 형체와 운동이 전혀 다른 물질에 의해 이루어지지만, 후자는 형체와 물질이 서로 융합되어 동일하다. "부자연스러운 것은 다 불완전하다"는 나폴레옹의 말은 후천적 성격과 선천적 성격의 관계나 육체와 정신의 모든 현상에도 부합하는 진리다. 단 하나의 예외로, 사금석만은 천연적인 것보다 인공으로 만든 것이 더 좋다.

따라서 우리는 무엇보다 허식을 버려야 한다. 우리가 허식을 천하게 보는 이유는 첫째, 자신의 무능을 두려워하는 데서 비롯된 비열하고 거짓된 행위이고 둘째, 자신을 자신 이상으로 보이려는 자기 과장이기 때문이다. 자신의 재능을 속이고 치켜세워 우쭐대는 것은 자신이 그런 성격이나 재능을 갖고 있지 않다고 자백하는 것과 마찬가지다. 그러므로 용기, 학식, 재능, 여자, 재산, 지위, 그밖의 무엇이든 다른 사람 앞에서 내세우는 사람은 그것이 자신에게 결핍되어 있다고 단정 짓는 것이라고 봐도 무방하다. 어떤 탁월한 점이나 뛰어난 면을 가진 사람은 스스로 만족하기 때문에 다른 사람에게 자랑할 필요를 느끼지 못한다. '철컹거리는 말굽에는 못이 부족하다'는 스페인 속담도 이와 비슷한 의미다. 그러나 모든 외부의 속박을 벗어버리고 자기 자신의 본성을 그대로 드러내는 일은 용납되지 않는다. 왜냐하면 인간의 본성에는 흉악하고 야수적인 면이 많아서 이를 잘 감추어야 하기 때문이다.

운명의 은총

옛날에 누군가가 인생에서 가장 큰 역할을 하는 것은 바로 지혜와 힘 그리고 운명이라고 말했는데, 이는 타당한 견해다. 나는 그중에서도 특히 운명을 가장 중요하다고 말하고 싶다. 인간의 생애는 항해와 같으며, 여기서 바람의 구실을 하는 것이 우리가 흔히 시운, 행운, 불운이라고 말하는 운명이다. 우리의 인생이 급속히 앞으로 나가거나 뒤로 후퇴하는 것은 바람의 구실을 하는 운명 때문이다. 이에 비해 우리 자신의 노력이나 능력은 대단히 허무해 단지 배의 노 구실만 할 뿐이다. 노를 저어 긴 인생의 바다를 항해할 때 어느 순간 갑자기 풍파가 불어닥치면 우리의 의지와는 달리 다시 본래의 자리로 밀려가지만, 순풍에 돛을 달면 굳이 노를 저을 필요도 없이 배는 앞으로 나아간다. '당신의 자식에게 행운을 준다면 그를 바다에 집어던져도 좋다'는 스페인 속담은 운명을 절묘하게 표현하고 있다.

그러나 운명의 일면은 악의로 가득 차 있어서 운명을 전적으로 신뢰해서는 안 되지만, 운명만이 참된 은인이요 설교자라는 사실을 잊어서도 안 된다. 즉, '운명'이라는 인생의 제왕은 우리에게 은총을 베풀어주는 동시에, 한편으로는 우리를 학대하고 우리의 소유물을 빼앗아간다. 운명이 베풀어주는 것에 대해 우리는 아무런 청구권도 갖고 있지 않으며, 또한 그것은 우리 자신의 참된 가치나 공로에 의한 것이 아니라 오직 운명의 호의와 은총에 의해 주어진 것이다. 그래서 우리는 언젠가는 은총을 받을 것이라는 즐거운 희망을 품고 살아간다. 이렇듯 끝없는 은총과 교훈을 동시에 지닌 운명이야말로 우리의 제왕이요 스승이다. 이러한 운명의 사랑과 은혜에 비하면 우리의 공적은 보잘것없다.

우리는 온갖 방황과 탈선으로 점철된 과거를 되돌아보고 놓쳐버린 행복과 겪었던 불행을 생각하면서 자기 불찰을 비난하곤 하는데, 이는 바람직하지 않다. 왜냐하면 과거에 일어난 모든 일은 결코 우리 자신만의 책임이 아니기 때문이다. 우리의 생애는 외부의 현실적 조건과 자신의 내부적 결의가 합쳐져서 초래된 결과로, 이 양자는 늘 밀접한 관계를 맺으면서 서로에게 영향을 미치고 변화를 가져온다. 그런데 이 양자에 대한 우리의 선천적 능력은 대단히 미약해서, 시간적으로 조금만 떠나 있으면 외부의 현실적 조건은 물론이고 자기 내부의 결의도 예측할 수 없게 된다. 그러면 우리는 앞날의 목적을 향해 직행할 수 없어서 대충 그 방향이라고 생각되는 곳으로 노를 저으며 뱃길을 자주 변경한다. 이때 우리가 할 수 있는 일은 오직 현재의 처지를 참작해 자신의 목적 가까이까지 나가살 수 있도록 마음 단속을 하는 것뿐이다.

뭐니뭐니해도 인생은 장기에 비유하는 것이 제일 적절하다.

즉, 우리가 사회에 진출할 때와 마찬가지로 장기를 둘 때도 대체적인 계획이나 대책을 세운다. 하지만 장기는 상대방의 수법에 의해, 사회생활은 운명에 의해 많은 변화를 일으키므로, 자신의 뜻대로 되지 않는 경우가 많다.

인간은 자신이 믿고 있는 것보다 훨씬 어리석은 존재인 동시에 또한 현명한 존재이기도 하다. 이 사실이 인생을 크게 좌우하지만, 이 점에 대해 명확한 견해를 가지려면 많은 경험과 성찰을 거쳐야만 한다. 인간의 내부에는 두뇌보다 더 현명한 무엇이 숨어 있다. 즉, 우리는 인생에서 어떤 큰일을 당하면, 자기가 해야 할 일을 분명히 알고 행동하는 것이 아니라 마음속 깊이 숨어 있는 하나의 '충동'에 따라 행동한다.

이 충동은 일종의 본능으로, 인간의 가장 깊은 곳에서 나타난다. 하지만 우리는 이런 근본적인 원동력을 의식하지 못한다. 또한 '한 가지 사건이 모든 사람에게 적용되는 것은 아니라는 사실'을 쉽게 잊어버린다. 그래서 분명하기는 하지만 조잡하기 이를 데 없는 인공적인 관념이나 일방적인 법칙 또는 제3자의 실례를 들어 자신의 과거를 평가하려고 한다. 그리고 삶이 끝날 무렵에 자신이 걸어온 과거를 순전히 객관적인 입장에서 관찰해 보고서야 비로소 모든 근본 원인을 스스로 명백히 알아차린다. 즉, 노인의 지혜만이 자기 생애를 적당하게 비판할 수 있는 것이다.

우리의 내면적 자아에는 일종의 신비로운 묵시(默示, 말이나 행동 없이 은연중에 자신의 의사를 나타내 보임)가 있어서, 비록 분명하게 인식되지는 않아도 본능적인 충동을 인도하는 것으로 보인다. 이러한 내면적 자아의 묵시가 일종의 예언으로 작용하는 까닭에 인간의 생애는 일정한 질서와 희곡 같은 통일성을 가지며, 이는 방황과 오류를 일삼고 쉽게 변화하는 두뇌의 의식으로는 도저히 파악되지 않는다.

따라서 큰 사업을 하기 위해 태어난 사람은 어렸을 때부터 자신의 천직을 느끼고, 마치 꿀벌이 묵묵히 벌집을 짓는 것처럼 꾸준히 노력한다. 모든 사람에게는 이러한 본능적이면서도 절실한 '자기 옹호'의 힘이 깃들어 있다. 만일 이 힘이 작용하지 않는다면 사람은 삶에서 겪는 가장 어려운 경험을 감당하지 못한 채 이내 사멸하고 말 것이다.

추상적 원칙에 따라 행동하기란 매우 어려우므로 우리는 많은 수련을 쌓아야 하지만, 사실 이것이 하나의 습성으로 굳어지는 것도 무척 어렵다. 그래서 실생활의 요구를 충족시킬 수 없지만, 다행히 인간은 태어날 때부터 어떤 구체적인 하나의 원칙이 핏속에 흐르고 있고, 이 원칙은 모든 사고, 감정, 의욕의 모체가 되어 인간의 행위에 일정한 방향과 특수한 지침을 내려준다. 그러나 이러한 원칙이 이성과 지혜에 의해 추상적으로 인식되는 경우는 극히 드물며, 대부분은 삶의 끝자락에 서 있는 사람이 자신의 지난날을 뒤돌아보는 순간 이 원칙에 의해 인도되어왔다는 사실을 깨닫는다. 이 세상의 모든 행복과 불행은 오직 이러한 원칙에 의해 결정되는 것이다.

유일하고 영원한 현상 '변화'

우리는 늘 시간의 작용과 변모하는 사물에 유의하면서, 현재 눈앞에 일어나고 있는 사태와 정반대되는 경우를 예상해야 한다. 즉, 행복할 때는 불행을, 우애에는 반목을, 맑은 날에는 흐린 날을, 사랑할 때는 증오를, 신뢰에는 배신을 분명히 머릿속에 그려야 한다. 이것이 바로 진정한 지혜를 습득하는 길이다. 이렇게만 한다면 우리는 늘 신중함과 냉정함을 유지한 채 다른 사람에게 미혹되지 않으며, 재앙이나 위험을 예방할 수 있다. 단, 사물이 무상하고 변모하기 쉽다는 사실을 분명히 체득하기 위해서는 무엇보다도 실제 경험이 필요하다.

현재 눈앞에서 벌어지는 사태는 필연적 현상으로서 충분한 이유를 가진다. 그렇기에 현재의 입장에서 보면 영원히 존속될 것 같지만, 이 세상에서 유일하고 영원한 현상은 오직 '변화'뿐이다. 따라서 진정으로 현명한 사람은 외관에 미혹되지 않고 변화가 일어날 시간과 장소를 재빨리 예측할 수 있다. 대다수의 사람이 사물의 일시적인 상태나 과정을 영원한 것으로 간주하는 이유는 결과만을 보고 원인을 간파할 능력이 없기 때문이다. 원인만이 앞으로 일어날 변화의 씨를 내포하고 있으며, 결과는 원인에서 온 것인 만큼 변화를 암시하지 않는다.

인생에 충만한 불행

무슨 일이 일어나더라도 우리는 결코 지나친 환희나 비통에 빠져서는 안 된다. 왜냐하면 모든 사물은 끊임없이 변화하므로 언제 정반대의 현상이 일어날지 알 수 없기 때문이다. 즉, 행복·불행이나 길흉에 대한 우리의 판단은 확실치 못한 만큼, 지난날에 자신이 한탄했던 일도 이제야 생각하니 오히려 큰 경사이고, 반대로 지금은 큰 걱정거리인 일이 전에는 기쁜 일이었던 경우가 얼마든지 있다. 셰익스피어도 이에 대해 다음과 같이 말하고 있다.

나는 이제 쓴맛 단맛을 다 보았으므로
웬만해서는 그 자리에서
계집애처럼 눈물을 짜지 않는다.

모든 불행에 대해 침묵을 지킬 수 있는 사람은 인생에 충만한 불행과 화근이 얼마나 끔찍하고 다양한지를 잘 안다. 이런 사람은 현재의 재앙은 얼마든지 있을 수 있으며, 또한 일어날 가능성이 있는 모든 재앙 가운데 극히 작은 부분에 해당한다고 생각하는데, 이것이 바로 스토아학파적 심경이다.

우리는, 인생은 참상과 비통으로 가득하고 수많은 재난으로 둘러싸여 있다는 사실을 명심해야 한다. 그러기 위해서는 자신의 주위를 둘러보는 것이 좋다. 자신의 주위에서 찾아볼 수 있는 것이라고는 오직 덧없고 허망해 아무런 보람도 없는 생활뿐이다. 이런 인생을 살아야 하는 우리는 가급적 자신의 욕망을 억제하고 온갖 사물의 불완전함을 참아내야 한다. 즉, 냉정한 태도로 모든 재앙을 예방하거나 인내함으로써, 생존의 요소는 오직 수많은 재앙뿐이라는 사실을 명심해야 한다. 그렇다고 심하게 우울해하거나 시시각각으로 다가오는 인생의 고뇌를 비관해 얼굴을 찌푸리거나, 벼룩에게 물렸다고 하나님에게 도움을 요청해서는 안 된다. 우리는 신중하고 현명한 태도로 다른 사람이나 사물로부터 받게 될 재난을 스스로 예방하면서, 동화책 속 영리한 여우처럼 교묘한 술책으로 크고 작은 재난을 모두 피해야 한다.

우리가 모든 불행을 미리 예상해서 각오하고 있으면 불행이 실제로 닥쳤을 때 한결 견디기 쉽다. 이처럼 불행을 있을 수 있는 일이라고 간주하면 고통의 정도가 매우 약해질 뿐 아니라, 그 불행을 유한한 것으로 생각할 수 있어서 실제 생활에서는 큰 영향을 받지 않는다. 즉, 우리가 어떤 불행을 예상할 경우 그와 관련한 체념과 해결책도 동시에 생각하므로 실제로 그 불행이 닥쳤을 때 크게 힘들어하거나 외로워하지 않게 된다.

그러나 불행한 사건을 가장 냉철하게 참아나가는 방법은, 사건의 크기와는 상관없이 그것이 필연적으로 생긴 것이라고 확신하는 일이다. 불가피한 일에 대해서는 쉽게 체념하는 것이 인간의 본능이므로, 불행한 사건을 필연적이라고 생각한다면 뜻밖의 일도 물리학처럼 일반적 법칙에서 발생하는 일이나, 자연법칙처럼 엄밀히 예측 가능한 일로 간주할 수 있기 때문이다. 이 진리에 정통한 사람은 우선 자신의 힘으로 할 수 있는 일만을 하고, 그다음에 일어나는 모든 일은 필연적이라고 태연히 인정할 수 있을 것이다.

우리가 늘 겪는 사소한 번민과 재난은 우리를 단련시켜서 나중에 더 큰 재앙이 닥치면 슬기롭게 처리할 수 있도록 하는 예비 훈련이다. 따라서 우리는 날마다 당하는 번거로운 일이나 조그마한 시비, 충돌, 욕설에 적응하는 능력을 키워야 한다. 즉, 이러한 사소한 번거로움을 길가에 있는 돌멩이처럼 발길로 차버린 뒤 전혀 신경 쓰지 않는 습관을 키워야 한다.

타인에 대한 처세

다른 사람의 행위를 비판하는 사람은 스스로 개선하려는 노력을 하는 셈이다. 즉, 다른 사람의 행동을 주의 깊게 살핀 뒤 자기 마음속에 담아두고 날카롭게 비판하는 습관을 지닌 사람은 자기 자신을 개선하려고 노력하고 있는 것이다. 왜냐하면 그는 자신이 날카롭게 비판한 행위를 하지 않을 정도의 공정성이나 자부심, 허영심을 가지게 되기 때문이다.

사람을 대하는 태도

1. 세상을 살아가려면 조심과 관대함을 아주 많이 가지고 다니는 것이 이롭다. 조심하면 손해와 손실로부터 몸을 지킬 수 있고, 관대하면 싸움과 분규에 말려드는 일이 없다.

2. 사람의 정신 및 기질이 가지는 동질성과 이질성이 대화 속에서 쉽게 그리고 금방 나타난다는 사실이 놀랍다. 기질이 서로다른 사람끼리 대화를 나누는 경우, 한쪽의 거의 모든 발언이 다른 한쪽을 불쾌하게 만들 뿐 아니라 아주 화나게 만든다. 이와반대로 기질이 비슷한 사람끼리 대화를 나누는 경우에는 대화가 조화롭고 순조롭다.

3. 어느 누구도 자신을 넘어서 다른 사람을 볼 수는 없다. 즉,사람은 누구나 자신과 같은 크기로 다른 사람을 본다. 왜냐하면사람은 자신의 지성 정도에 따라 다른 사람을 파악하고 이해할수 있기 때문이다. 어떤 사람의 지성 정도가 매우 낮은 경우, 다른 사람이 아무리 훌륭한 소질을 지니고 있다고 해도 우리에게는 아무런 작용도 하지 못한다. 왜냐하면 우리는 훌륭한 소질을

가진 사람의 약점, 성격적 결함, 부족한 능력 등만을 보려고 하기 때문이다. 아무리 훌륭한 사람이라도 어리석은 사람에게는 여러 결함의 집합체에 불과한 셈이다.

4. 어떤 사람이 무언가를 기다리고 있을 때, 그 사람이 손에 쥔 것, 예를 들어 지팡이, 나이프, 포크 등으로 박자를 맞춰 두들기거나 흔들지 않는다면 나는 그 사람을 100명 가운데 선택된 단 한 명의 인물로 존경할 것이다. 이 선택된 사람은 분명 무언가를 생각하고 있을 것이다.

5. 누구를 깊이 사랑함과 동시에 존경하는 일은 어렵다. 그래서 우리는 다른 사람에게서 사랑을 얻기 위해 노력해야 할지 아니면 존경을 받기 위해 노력해야 할지를 선택해야 한다. 한 가지 확실한 점은 사랑은 늘 이기적이라는 것이다. 특히 사랑을 얻기 위한 행위가 늘 자랑스러운 것만은 아니라고 본다. 사람은 상대방의 정신과 마음을 얻으려는 욕구를 겸손하게 간직하면 할수록 상대방에게서 좀 더 큰 사랑을 받게 된다.

6. 대다수의 사람은 매우 주관적이기 때문에 근본적으로 자기 자신과 관련된 것 이외에는 관심조차 없다. 그래서 모든 것을 자기 자신과 연관시켜서 생각한다. 자기 자신과 관련된 일이라면 그것이 설령 우연히 일어나고 멀리 있는 것이라고 해도 그 일에 온 신경을 집중한다. 그래서 어떤 일이 중요하다는 근거가 제

시되어도 그것이 자신의 이익이나 허영심에 반대되는 것이라면 관련 없는 것으로 취급해버린다.

7. 언제부터인가 불합리한 것이 사람들 사이에서 또는 사회 속에서 태연스레 말해지고, 문학 속에서 당당하게 그려지고 있다. 이 점에 대한 지적도 제기되고 있지 않다. 따라서 이렇게 불합리한 것이 횡행한다고 해서 절망한다든지, 무슨 알 수 없는 사정이 있겠지, 라고 생각해서는 안 된다.

8. 사람이라면 누구나 다른 사람의 마음에 들려고 할 때 가면을 쓰는 법이다. '사람에게 꼬리를 치지 않을 정도로 나쁜 개는 없다'는 이탈리아 격언을 염두에 두면서 이런 가면에 속지 말아야 한다. 우선, 처음 만난 사람에게 지나친 호감을 갖지 않도록 조심한다. 그렇지 않으면 대부분의 경우 수치스러운 일을 당하거나 큰 피해를 입어서 환멸을 느끼게 된다. "사소한 일에서 사람은 자신의 성격을 드러낸다"는 세네카의 말도 잊지 말자.

9. 자신이 손에 들고 있는 물체의 무게는 잘 알아도 자신의 몸 무게는 느끼지 못하는 것처럼, 사람은 자신의 결점이나 악덕은 알아차리지 못해도 다른 사람의 그런 면은 금방 파악한다. 그 대신 사람이라면 누구나 다른 사람이라는 거울을 갖고 있으며, 그 속에서 자신의 악덕, 결점, 무례, 갖가지 종류의 언짢은 모습을 명백히 볼 수 있다. 하지만 이때 대부분의 사람은 거울을 보며 짖

어대는 개와 같은 태도를 보인다. 그 개는 거울 속 자신의 모습을 다른 개로 생각하며 마구 짖어댄다.

다른 사람의 행위를 비판하는 사람은 스스로 개선하려는 노력을 하는 셈이다. 즉, 다른 사람의 행동을 주의 깊게 살핀 뒤 자기 마음속에 담아두고 날카롭게 비판하는 습관을 지닌 사람은 자기 자신을 개선하려고 노력하고 있는 것이다. 왜냐하면 그는 자신이 날카롭게 비판한 행위를 하지 않을 정도의 공정성이나 자부심, 허영심을 가지게 되기 때문이다.

하지만 관대한 사람은 이와 반대되는 경향을 보인다. 즉, '우리가 용서해주는 대신 우리는 용서를 바란다'는 식의 모습을 보이는 것이다. 옆 사람의 눈에 든 먼지는 볼 수 있어도 내 눈 속의 대들보는 볼 수 없다는 말도 있지 않은가! 그러나 눈은 원래 외부를 보는 기관이지 내 속을 들여다보는 기관이 아니다. 따라서 자신의 결점을 알기 위해서는 다른 사람의 결점을 주의 깊게 살피고 이것을 비난하는 것이 가장 적절한 방법이다. 우리는 자신을 개선하기 위해 거울이 필요한 것이다.

10. 고결한 사람들은 젊은 시절, 인간과 인간의 본질적이고 결정적인 관계, 그리고 거기에서 생기는 인간 사이의 결합은 이상적인 것, 즉 성향, 사고방식, 취미, 정신력 등이 비슷한 경우에 이루어진다고 생각한다. 그러나 그들도 나이를 먹어감에 따라 인간 사이의 관계나 결합은 현실적인 것, 즉 어떤 물질적 이익에 의존한다는 사실을 알게 된다. 실제로 많은 결합의 근거에는 물

질적 이익이 자리 잡고 있으며, 대다수의 사람은 이 이외의 결합에 대해서는 아무런 개념도 갖고 있지 않다.

11. 지금 이 세상은 마치 은화 대신 지폐가 통용되고 있는 것처럼, 참된 존경과 우정 대신 이를 가장한 외모와 그럴듯하게 꾸민 표정이 난무하고 있다. 하긴 참된 존경과 우정을 바칠 만한 인간이 과연 있는지도 의문이다. 아무튼 나는 맹랑한 말이나 표정보다 차라리 충실한 개가 꼬리를 쳐주는 것이 더욱 반갑다.

만일 이 세상에 참으로 깨끗한 우정이 있다면, 조금의 사심도 없는 객관적인 동정으로 친구의 행복과 불행을 바라봐야 하며, 이때의 동정은 오직 '친구와 자기가 동심일체'라는 관점에서 비롯되어야 한다. 그러나 인간이 지닌 선천적 이기심은 일체관에 완전히 배치되므로, 참된 우정이 옛날이야기에 나오는 커다란 바다뱀처럼 실재하는 것인지 아니면 단순한 전설인지를 좀처럼 분간할 수가 없다. 그러나 일부 인사가 꾸준히 교제를 하고 있는 것을 보자면, 이 불완전한 세상에 그런대로 '우정'이라고 인정할 만한 것이 있는 듯하다.

이 사회에서 흔히 보게 되는 대인 관계는 우정에 비하면 훨씬 천하고, 거짓과 불신으로 충만해 있다. 만일 '친한 사람'이 내가 보지 않는 데서 내 이야기를 하는 소리를 듣게 된다면 두 번 다시 그와는 얼굴을 맞대고 싶지 않을 것이다.

친구의 우정을 시험해보고 싶다면, 내가 최근에 겪은 불행(상대의 희생을 필요로 하는 경우는 빼고)을 그에게 이야기해주는 것이 가장 좋다. 그때 친구의 얼굴은 진심 어린 슬픔으로 가득하거나 반대로 냉정한 태도를 취하기도 하고, 때로는 "인간은 가장 친한 친구의 불행을 보면서 종종 기쁨을 느낀다"는 라로슈푸코의 말처럼 '악마의 웃음'을 짓기도 한다. 사실 인간을 가장 기쁘게 하는 것 가운데 하나는 친한 친구가 최근 일어난 자신의 큰 불행을 호소하거나 약점을 고백하는 말을 듣는 것이다. 이것이 바로 인간의 특징이다.

친구와 오랫동안 만나지 않으면 우정도 멀어지는 법으로, 이는 인정하지 않는다 해도 숨길 수 없는 사실이다. 즉, 아무리 친한 사이라도 만나지 못하면 시간이 지남에 따라 우정도 시들해져서 어느 순간 우정은 추상적인 관념이 되고, 동정심도 사라진다. 현재의 동정심은 자주 접촉하는 사람들과 심지어 옆에 있는 개에게 돌아간다. 그런 점에서 "현재는 거룩하고 커다란 힘이다"라는 괴테의 말은 진리라고 할 수 있다.

친구는 서로에게 '성실'을 내세운다. 그러나 참으로 성실한 것은 친구가 아니라 '적'이다. 따라서 우리는 적의 비난을 쓴 약이라고 생각하고, 그로부터 자신에 대한 정당한 지식을 얻도록 해야 한다.

12. 재치와 분별력을 보이는 것이 모임에서 사랑받는 방법이라고 생각하는 사람은 얼마나 어리석은가! 이런 것은 오히려 많은 사람에게 큰 미움과 원한만을 살 뿐이다. 우리에게는 자신에게 미움과 원한을 가지는 이유가 뭐냐고 불평할 권리가 없으며,

자신에 대한 이런 감정을 감추려고 하면 할수록 이것은 더 뿌리 깊게 자리 잡는다.

예컨대 우리가 상대방의 정신적 장점을 알아차렸다면, 확실하지는 않아도 상대방은 우리가 그 자신에 대해 알아차린 장점만큼 우리의 결점과 뒤떨어진 능력을 느낀다. 이것이 상대방에 대한 미움과 원한을 자극한다. 이와 관련해 그라시안은 "사람들에게 사랑받는 유일한 방법은 가장 단순한 동물의 가죽으로 자신을 덮는 것이다"라고 말했다. 따라서 재치와 분별력을 보이는 것은 다른 사람들의 무능력과 우둔함을 간접적으로 비난하는 것이 된다.

13. 다른 사람에 대한 우리의 신뢰는 태만, 이기심, 허영심 등과 관계된다. 태만은 스스로 조사한 뒤 경계해서 그것을 직접 하지 않고 다른 사람에게 맡기는 것이다. 이러한 이기심은 지금 직면한 문제를 이야기하고 싶다는 욕구에 끌려 내가 다른 사람에게 그것을 털어놓을 때 나타난다. 만일 우리가 다른 사람에게 자랑을 늘어놓는다면 허영심의 발로라고 할 수 있다. 그런데도 우리는 사람들에게 자신의 신뢰를 존중해달라고 요구한다.

이와 반대로, 우리는 불신에 대해서 흥분해서는 안 된다. 왜냐하면 불신 속에 공정성에 대한 찬사가 숨겨져 있으며, 공정성은 좀처럼 존재하지 않는다는 사실을 떳떳이 고백하는 것이기 때문이다. 그런 점에서 공정성은 존재가 의심스러운 것 중 하나다.

14. 예의 바른 몸가짐이란 도덕적·지적으로 빈약한 상태를 서로 무시하고 드러내지 않기 위해 사람들이 암암리에 합의한 바다. 예의 바른 몸가짐 덕분에 서로의 도덕적·지적 빈약함은 폭로되지 않고, 이익만 남는다. 따라서 예의 바른 몸가짐은 현명한 행위이며, 이를 무시하는 것은 어리석은 짓이다. 또한 예의 바른 몸가짐을 하지 않음으로써 불필요하게 적을 만드는 일은 그야말로 미친 짓이다. 즉, 예의 바른 몸가짐을 절제하는 것은 어리석은 짓이라고 할 수 있으며, 반대로 그것을 아낌없이 발휘하는 것은 분별 있는 행위다.

15. 다른 사람의 행위와 행동이 나 자신에게 표본이 될 수는 없다. 왜냐하면 나 자신은 다른 사람과 상황, 환경, 기질 면에서 결코 같을 수 없기 때문이다. 따라서 사람은 충분히 생각하고 날카롭게 고찰함으로써 자신의 성격에 맞게 행동해야 한다. 실천 측면에서도 자신만의 개성이 들어가야 한다. 그렇지 않으면 내가 하는 일이 나의 성격에 맞지 않게 된다.

16. 우리는 어느 누구와도 견해 차이로 다투어서는 안 된다. 상대방이 믿고 있는 모든 불합리함을 납득시키는 데 아무리 많은 시간을 투여한다고 해도 우리는 그를 설득할 수 없다. 왜냐하면 상대를 화나게 하는 일은 쉽지만, 그를 교화하는 것은 비록 불가능하지는 않더라도 무척 어려운 일이기 때문이다. 만일 지금 내가 듣고 있는 대화가 너무 어리석어서 화가 난다면, 그 상

황을 단순히 희극의 한 장면이라고 생각하라! 이것이 가장 합리적이며 적절한 대응책이다.

17. 자신의 판단을 믿게 하고 싶다면 상대에게 말할 때 아무런 정열도 담지 말고 냉정하게 말해야 한다. 왜냐하면 모든 격정은 의지에서 발생하기 때문이다. 인간에게 근원적인 것은 의지이며, 인식은 단지 이차적이고 부수적인 것이다. 따라서 사람들은 의지의 자극이 판단에서 생겼다기보다 자극받은 의지에서 판단이 내려졌다는 쪽을 믿을 것이다.

18. 만일 누군가가 거짓말을 하고 있다는 의심이 들면 그것을 믿는 척하는 것이 좋다. 그럼 그는 더 큰 거짓말을 일삼다가 곧 정체를 들키고 만다. 이와는 반대로 상대방이 숨기고 싶은 이야기를 무심코 꺼냈다는 사실을 알아차렸을 때는 그 말을 믿지 않는 척하는 것이 좋다. 그럼 상대방은 실수를 만회하기 위해 그 이야기를 피할 것이다.

19. 우리는 자신의 모든 개인적인 문제를 비밀로 해야 한다. 그리고 친한 사람들에게도 그들이 눈으로 직접 보는 것 이상을 이야기하지 말아야 한다. 왜냐하면 그들이 어떤 것에 대해 알고 있다는 사실이 때와 장소에 따라 우리 자신에게 불리하게 작용할 수도 있기 때문이다. 즉, 일반적으로 자신의 분별을 스스로 말하기보다는 침묵이 더 바람직하다. 전자에는 허영심이, 후자에

는 현명함이 있기 때문이다. 하지만 사람들은 상대에게 자신의 이야기를 함으로써 일시적인 만족감을 얻기 때문에 자신도 모르게 말하는 쪽을 선택한다. 특히 활기 넘치는 사람은 자기 자신에게도 소리 내어 말하곤 한다. 소리 내어 말함으로써 마음이 즐거워지는 것도 하나의 습관이므로, 경계하는 것이 좋다.

20. 사람은 가급적 어느 누구에게도 적대감을 품어서는 안 된다. 하지만 상대방의 태도에 주의를 기울이고 그것을 기억해두는 일은 매우 중요하다. 이는 나 자신의 가치를 그것에 따라 확립하고, 행동과 태도를 스스로 규제하기 위해서다. 단, 그렇게 한다고 해도 성격은 변하지 않는다는 사실을 염두에 두어야 한다. 어떤 사람의 나쁜 면을 잊어버리는 것은 마치 고생해서 번 돈을 잃어버린 것과 같다.

어리석은 친절과 어리석은 우정은 두고두고 조심해야 한다. '사랑하지도 않고, 미워하지도 않는다'라는 말이 처세술의 절반이라면, '아무것도 말하지 않고, 아무것도 믿지 않는다'가 나머지 절반이다. 물론 사람들은 이러한 규칙이나 규칙이 필요한 세상으로부터 등을 돌리고 싶을 것이다.

21. 분노나 미움을 말이나 태도로 노골적으로 드러내는 것은 위험할 뿐만 아니라 우습고, 어리석으며, 천한 짓이다. 즉, 분노나 미움은 행위를 통해서 표현하는 것 이외에 다른 방법으로 상대에게 드러내서는 안 된다. 분노나 미움을 말이나 태도로 드러

내는 것을 피할 수만 있다면, 이것들을 다른 행위로 완벽하게 표현할 수 있다.

ARTHUR

SCHOPENHAUER

제5부
명예와 명성

명예

인간 행복의 근원은 어느 정도의 건강과 생활을 유지할 수 있는 기반, 즉 의식주에 지장이 없는 경제적 수입에 있다. 명예, 작위, 명성 등을 소중히 여긴다고 해도 이것들은 행복의 근원에 필적하지 못하며 대용품도 될 수 없다.

제3자의 평가에 대한 태도

제3자의 평가에 들어 있는 '나'라는 존재는 타고난 인간의 약점으로 인해 실질적인 가치 이상으로 중요시되고 있다. 하지만 냉정히 생각해본다면, 제3자의 평가는 '나'의 존재와 본질적으로 전혀 관계없다. 제3자가 호의를 베풀거나 조금이라도 자신의 허영심을 채워주면 우리는 누구나 좋아서 어쩔 줄 몰라한다. 등을 어루만져주면 기분이 좋아서 소리를 내는 고양이처럼 사람도 칭찬, 특히 자신의 특기에 대한 칭찬을 들으면 그것이 비록 사탕발림에 불과하다는 사실을 알면서도 연신 흐뭇한 표정을 짓는다. 또한 현재의 처지가 불쌍하고, 앞에서 말한 '참된 자아'와 '물질적 자아'가 아무리 빈약하더라도, 다른 사람들이 '나'를 추켜세우면 흐뭇하게 여기는 이가 무척 많다. 이와 반대로, 사람은 다른 사람이 자신의 허영심을 모욕하거나 무시 또는 멸시하면 불쾌하게 생각할 뿐 아니라 때로는 심한 고통도 느낀다.

인간의 명예욕은 제3자를 기준으로 한다. 물론 다른 사람의 기준을 존중해 자신의 언행을 주신함으로써 좋은 결과를 가져오기도 하지만, 실제로는 자신의 안정된 행복에 나쁜 영향을 미친다. 따라서 타인 중심의 공명심이 가지는 일정한 한계를 이치에 맞게 설명한 뒤, 올바르고 가치 있는 모든 것에 대해 적절한 사고와 정확한 판단을 내림으로써 다른 사람의 견해에 대한 지나친 관심을 완화할 필요가 있다. 이것은 다른 사람의 호감이나 비난을 샀을 경우에도 마찬가지다. 왜냐하면 어느 경우에든 모두 자신의 태도가 결정되어 있기 때문이다. 만일 그리되지 않는다면, 우리는 다른 사람의 사고나 견해의 노예가 되고 말 것이다.

찬사를 즐기는 사람의 영혼은 비천하고 설익은 것들에 지배당한다. 만일 더 많이 행복해지고 싶다면 우선 진정한 자아와 제3자의 눈에 비친 자신을 비교해, 전자의 가치를 판단할 필요가 있다. 생활을 충실하게 이어나가는 것과 참된 자아 및 물질적 자아에 속하는 요소들은 모두 진정한 자아에 속한다. 왜냐하면 이 모든 것이 작용하는 영역은 자기 자신의 의식이며, 반대로 타인에 대한 자아로서 자신이 작용하는 영역은 신빙성 없는 제3자의 의식으로, 이는 자신이 반영된 다른 사람의 심리적 환상과 그에 따르는 여러 생각이나 느낌에 불과하기 때문이다.

제3자의 관념은 우리와는 직접적 관련이 없는 간접적인 것이다. 그것이 의미를 갖는 경우는, 우리의 말과 행동을 규정함으로써 결과적으로 태도에까지 영향을 미쳐 참된 자아에 변화를 일으킬 때뿐이다. 그렇지 못할 경우에는 제3자가 우리를 어떻게 생각하든지 전혀 상관할 바가 아니다.

또한 제3자의 지능이 어느 정도이고 어떻게 작용하는지를 간파해본다. 만일 제3자의 머릿속이 편견과 오해로 가득 차고, 사상이 천박하며, 소견이 좁을 뿐더러 생각이 빈약하고, 사고나 견해가 잘못되어 있으며, 자신과 이해관계가 없거나 눈앞에 보이지 않으면 욕설을 퍼붓거나 위대한 인물을 제멋대로 악평한다는 사실을 알게 된다면 우리는 그의 견해를 더 이상 믿지 않게 된다.

다시 말해, 자신의 행복을 '참된 자아'나 '물질적 자아' 속에서 찾지 못하고, 제3자의 자아 관념 속에서 찾으려는 사람은 개성이 빈약한 족속이다. 인간의 본질이자 행복의 근원은 자신의 동물성에 있다. 인간 행복의 근원은 어느 정도의 건강과 생활을 유지할 기반, 즉 의식주에 지장이 없는 경제적 수입에 있는 것이다. 명예, 작위, 명성 등을 소중히 여긴다고 해도 이것들은 행복의 근원에 필적하지 못하며 대용품도 될 수 없다. 그러므로 경제적 수입을 위해서라면 명예를 포기해야 하는 경우가 많다.

인간은 다른 사람의 관념 속에서 목숨을 이어가는 것이 아니다. 따라서 자신의 참된 모습인 건강, 기분, 능력, 수입, 주택 등이 자신에 대한 제3자의 터무니없는 견해보다 훨씬 더 행복과 불행을 지배한다는 사실을 깨닫는다면 행복을 얻는 데 반드시 도움이 될 것이다.

'명예는 목숨보다 더 소중하다'고 떠드는 것은 자신의 존재나 행복은 있으나마나며, 자신에 대한 제3자의 견해만이 소중하다는 의미다. 이 격언은 고작해야 세상 사람들에게 자신의 존재를 드러내기 위해 명예, 즉 자신에 대한 다른 사람들의 좋은 평가가 필수 조건이라는 점을 내포한다. 이 점에 대해서는 앞으로 다시 이야기할 기회가 있겠지만, 인생을 잘 관찰해보면 인간이 한평생 수많은 위험과 노고를 무릅쓰고 끊임없이 노력하며 갈망하는 최종 목적의 대부분은 자신에 대한 제3자의 호의를 더 많이 얻으려는 데 있다. 이는 예술 및 학문에 종사하는 사람들도 예외는 아니다. 즉, 그들이 늘 갈망하는 최종 목표는 좀 더 많은 사람에게서 존경받는 것이다. 이것이야말로 인간의 우매함이 얼마나 뿌리 깊게 가슴에 박혀 있는지를 입증하는 예이다.

이처럼 다른 사람의 견해를 과대평가하는 것은 예부터 내려오는 일반적인 미신으로, 이는 우리의 행복에 해롭고 불리한 영향을 미친다. 작게는 '남이 뭐라고 말할까?'라는 노예 같은 생각에서부터 크게는 말로써 딸의 가슴에 못 박는 일, 급기야 죽은 뒤의 명예를 위해 자신의 안정과 재산, 건강, 심지어 목숨까지 희생하는 것은 모두 이러한 일반적인 미신의 나쁜 영향 탓이다. 사람의 명예욕을 북돋아주는 것이 그 사람을 조종하는 비결이므로, 이런 그릇된 환상은 대중을 통치하거나 지배하는 사람에게는 좋은 미끼로 사용된다. 하지만 지금은 남을 부리는 것이 아니라 자신의 행복을 얻는 것에 대해 이야기하고 있으므로 이는 관점이 다르다.

내가 강조하고 싶은 말은 자신에 대한 다른 사람의 견해에 지나치게 관심 갖지는 말라는 것이다. 그러나 오늘날 우리가 쉽게 볼 수 있는 것처럼, 대부분의 사람은 자신보다 남에게 더 많이 의존하기 때문에 자신의 의식 속에 실재하는 것보다 남의 의식 속에 깃들어 있는 것을 더욱 소중히 여긴다. 그래서 자연스럽고 올바른 이치에서 벗어나 제3자의 견해에 참된 가치를 부여하고 소중한 자기 자신에게는 가치를 전혀 부여하지 않은 채 2차적인 것을 1차적인 것으로 오인한다. 그럼으로써 다른 사람의 머릿속에 맴도는 환상이 자신의 실체보다 더 많은 권위를 가진다고 생각할 뿐 아니라 간접적 가치와 직접적 가치도 혼동한다. 이것이 바로 허영심이 저지르는 미련한 행동이며, 구두쇠의 탐욕처럼 수단을 위해 목적을 저버리는 가장 못난 짓이다.

우리가 실천해야 할 노력은 무시한 채 제3자의 의견을 과대평가하면서 늘 불안과 괴로움에 시달리는 모습은 일종의 고질적인 전염병이라고 할 수 있다. 그래서 우리는 어떤 행동을 할 때마다 늘 남의 눈치를 보게 된다. 즉, 경험하고 있는 모든 고뇌의 절반 이상이 타인 중심의 마음에서 비롯된다는 사실을 너무나 많은 사람이 모르고 있는 것이다.

타인 중심의 심리는 병적인 신경과민과 희박한 자부심을 낳고, 허영과 겉치레의 원천이 되며, 사치와 교만의 바탕이 된다. 이런 불필요한 근심 걱정을 벗어버린다면 인간의 사치와 낭비는 현재의 십분의 일로 줄어들 것이다.

자존심이나 명예는 다양한 형태로 나타나지만 그 뿌리는 오직 하나다. 인간은 나이가 들면 들수록 애욕을 맛볼 체력이 고갈되는 대신, 허영심과 오만함이 점점 더 탐욕과 결합해 자아의 중심에 자리 잡는다. 지금 프랑스에는 이런 속된 명예욕과 가소로운 허영심이 풍토병처럼 만연해 있다. 언젠가 이것들이 허무한 것으로 판명되면, 프랑스인들은 다른 나라 국민의 비웃음을 사게 될 뿐 아니라, 이른바 '대국민'이라는 대명사는 하나의 모욕적인 의미가 될 것이다.

이 고질적인 전염병을 신랄하게 보여주는 예를 하나 소개 하겠다. 1846년 5월 31일자 신문을 보면, 토마스 빅스라는 노동자가 주인을 살해한 죄로 사형 선고를 받았다. 그는 사형 집행일에 목사가 마지막 설교를 할 때 조용히 설교를 듣는 대신 자신의 수치스러운 죽음을 구경하려고 모여든 사람들에게 자신의 용기를 보여줄 놀라운 방법을 궁리하고 있었다. 이윽고 사형 집행일이 되어 단두대로 걸어가던 그는 갑자기 큰소리로 "자, 여러분! 도드 박사의 흉내를 내는 것이 아닙니다. 나는 이 세상 맨 밑바닥의 비밀을 탐지할 것입니다"라고 외쳤다. 그리고 양쪽 팔을 결박당한 채 단두대에 이르러서는 그곳에 모인 구경꾼들에게 일일이 윙크를 해 보였다. 그러자 구경꾼들은 우레 같은 박수갈채를 보냈다. 추악한 죽음과 캄캄한 미래를 눈앞에 두고도 구경꾼들의 기억에 남기 위한 방법을 궁리한 사형수는 그야말로 적절한 예가 아닐 수 없다.

또 하나, 프랑스에서 반란죄로 사형을 받은 콩트도 이에 적합한 예다. 그가 재판을 받는 동안 가장 불쾌하게 생각했던 일은 상원 앞에 훌륭한 복장으로 설 수 없었던 것이며, 사형이 집행되는 순간까지도 그를 괴롭혔던 것은 이발을 할 수 없었다는 점이다. 비슷한 예로, 스페인 작가 마테오 알레만은 자신의 작품에서 '못난 죄수들은 자신의 영혼을 구제받을 수 없는 처형 직전의 몇 시간을 단두대 위에서 어떤 말을 할까 고민하느라 바쁘다'라고 쓰고 있다. 오늘날에도 이와 비슷한 일은 얼마든지 찾아볼 수 있다. 인간의 불안, 번민, 고뇌, 울분, 불만, 초조 등은 대부분 제3자의 견해를 염려하는 데서 비롯된 것으로, 위에 언급한 죄수들의 상황과 비슷하다고 할 수 있다. 우리의 질투나 증오도 같은 뿌리에서 자란 가지들이다.

우리의 행복은 주로 안정된 기분과 흐뭇한 만족감에서 비롯된다. 그러므로 타인 중심의 허영심을 억누르는 것이 행복을 더욱 증진하는 방법이다. 하지만 허영심을 줄이기란 결코 쉽지 않다. 이는 유전적으로 타고난 병폐를 제거하는 것이기 때문이다. 타키투스(로마 제정시대의 역사가)는 "현명한 사람도 더러운 명예욕에서 벗어나기 위해서는 우선 병마를 병마로 인식해야 한다"고 말했다. 따라서 허영심을 버리기 위해서는, 인간의 견해는 늘 허망하기 때문에 타당하지 않고 불합리하며 전혀 터무니없는 것임을 간파하고, 그것이 우리에게 참된 영향을 미칠 수 없음에도 우리가 매우 중시함으로써 큰 손실을 입고 있다는 사실을 분명히 알 필요가 있다. 그래서 이 고질적인 전염병에서 벗어날 수 있으면, 우리의 안정과 평화는 상상도 못할 정도로 커질 것이며, 우리는 늘 태연한 태도와 자연스러운 행동을 보일 수 있을 것이다.

은둔 생활이 큰 행복을 가져오는 이유는 다른 사람의 눈치를 볼 필요가 없고, 타인 중심의 생활에서 자기중심의 생활로 돌아갈 수 있기 때문이다. 실제로 대부분의 재앙이나 불행은 제3자를 위주로 하는 관념적인 생각에서 비롯된다. 따라서 자신을 다른 사람의 관념 이상의 경지에 올려놓고 참된 자아를 지켜나가면 이 모든 재앙에서 벗어날 수 있다. 그뿐만 아니라 더욱 직접적이고 확실성 있는 복리를 위해 노력하게 되므로, 자신의 생활을 뜻대로 즐길 수 있게 된다. 그러나 좋은 일은 실천하기 어려우니 늘 문제다.

세계적으로 만연된 이 전염병의 세 가지 증상은 명예욕, 허영심, 자부심이다. 이 가운데 자부심은 스스로에 대한 확고한 자신감이며, 허영심은 제3자가 나 자신에게 이러한 신념을 갖도록 하는 것으로, 이에 성공하면 자신에 대한 자부심을 갖고 싶다는 은밀한 희망이 스스로에게 생기게 된다.

즉, 자부심은 자신에게서 비롯되는 직접적인 자기 존중이며, 허영심은 이를 외부로부터 간접적으로 손에 넣으려는 것이다. 그러므로 허영심은 말이 많은 반면, 자부심은 말이 적다. 이때 우리는 다변보다 침묵이 한층 더 손쉽게 다른 사람의 존경심을 이끌어낸다는 사실을 알아야 한다. 이처럼 다른 사람을 의식한 자부심과 허영심은 단지 그럴듯하게 보이는 것일 뿐이어서, 다른 가상적 욕구와 마찬가지로 이내 무너져버리고 만다. 참된 자부심은 오직 자신의 우수한 장점과 뛰어난 가치에 대한 확신에 의해서만 이루어진다.

자부심이 확신에서 비롯되는 한, 모든 지식과 마찬가지로 의지와 힘만으로 자부심을 손에 넣을 수는 없다. 자부심의 가장 큰 장애물이자 적은 바로 허영심으로, 이는 자부할 것이 전혀 없는 사람들의 소행이라 할 수 있다. 정말로 특출한 사람이라면 어느 정도의 자부심을 가지고, 세상 사람들은 염치없고 우매하며 변덕스럽다는 사실을 알아야 한다. 호인인 척하면서 그들에게 너그러운 태도를 취하거나 자신과 동등한 인물로 대한다면, 그들은 곧 비웃음을 띠며 당신을 자기 자신과 같은 족속으로 간주한다. 특히 인격적인 최고의 우월은 훈장이나 호칭과는 달라서 언제나 제3자에게 보여줄 수 없으므로, 당사자는 늘 존귀한 태도를 취할 필요가 있다.

그런데 가장 가소로운 것은 국민적 자부심이다. 국민적 자부심은 수천 수백만 인구의 공동 소유를 자랑하는 것으로, 국민 각자에게 참된 자부심을 가질 만한 개인적 특성이 없다는 의미이기도 하다. 뛰어난 재능을 가진 사람은 성인의 자세로, 자기 나라 국민의 단점을 명확히 인식한다. 반면, 가련하고 속물적인 인간들은 자신이 우연히 태어난 국가에 대해 쓸데없는 자부심을 가짐으로써 자신의 빈약한 개성에 금박을 두르고 있다. 그런데 만일 영국인이 영국인들의 이러한 비열한 미신을 정당하게 비난하면 어떻게 될까? 이를 겸허하게 받아들이는 영국인은 50명 중 1명도 안될 것이며, 그 1명은 분명 비범한 두뇌의 소유자일 것이다.

국민성이란 대다수의 사람에게 공통된 것이므로, 맑은 정신으로는 어느 누구도 도저히 찬사를 보낼 수 없다. 아니, 어느 국가의 어떤 국민성을 살펴봐도 그것은 단지 무능하고, 미약하고, 아둔하고, 사악한 인간의 속성이 여러 형태로 나타나고 있을 뿐이다. 따라서 모든 국민은 저마다 다른 나라의 국민성을 비웃을 수는 있지만, 어떤 것이 더 옳고 그르다는 승부를 낼 수 없다.

명예나 지위, 훈장이 대다수의 속물에게는 훌륭하게 보이고 국가를 위해서는 소중한 도구가 된다고 해도, 행복의 조건은 될 수 없다. 지위의 가치는 단지 사회제도와 관례에 의존하며, 이에 대한 세상 사람들의 존경도 표면적인 것으로 값싼 연극에 불과할 뿐이다.

훈장은 대중의 견해에 대해 발부하는 하나의 수표로, 그 가치는 단지 발행자의 신임을 표시할 뿐이다. 하지만 국가는 물질적 보수를 대행할 수 있으므로 막대한 경비를 절약할 수 있다. 이러한 장점을 정확히 파악해 훈장을 공정히 수여하기만 한다면 훈장은 분명히 훌륭한 것이다. 그러나 대부분의 세상 사람은 눈과 귀만 가지고 있으며, 이외에 더 가진 것이 있다면 참새의 눈물만 한 판단력과 툭하면 잊어버리는 기억력 정도다. 그래서 대부분의 사람은 인간의 뛰어난 공적을 이해하지 못하고, 어떤 특수한 공적에 대해 찬양하다가도 이내 잊고 만다. 따라서 특별한 인물에게는 훈장을 수여함으로써 시대와 국적을 불문하고 '이 사람은 너희와 동등한 인간이 아니다'라는 사실을 가르쳐줘야 한다. 그렇다고 이런 훈장을 불공평하게 남발해서는 가치가 떨어지므로, 국가나 왕후는 상인이 수표에 서명할 때처럼 용의주도하게 수여해야 한다.

명예는 지위보다 한층 더 까다롭고 복잡하다. '명예는 외부의 양심이고, 양심은 내부의 명예이다'라는 말에 많은 사람이 공감할 수도 있지만, 이는 명예에 대한 정확한 정의가 아니다. 따라서 '명예란 객관적으로는 우리의 진정한 가치에 대한 제3자의 견해이며, 주관적으로는 제3자의 견해에 대한 우리의 두려움이다'라고 정의하기로 하자.

명성을 가진 사람들의 순수한 도의심(道義心)은 박약하지만, 스스로 말과 행동을 조심한다는 것은 명예가 가지는 고유한 가치에 상당한 관심을 가진다는 뜻이다. 원래 인간은 고독한 '로빈슨'으로, 자기가 할 수 있는 일은 보잘것없지만 많은 사람과 협력한다면 자신의 존재에 대한 의의를 찾고 큰일을 성취할 수 있다. 이러한 자각은 자의식이 조금만 발달한 사람이라면 충분히 가질 수 있다. 또한 이러한 의식을 가진 사람은 사회의 유능한 일원이 되어 인류의 복지를 위해 일하겠다는 분발심이 생긴다. 그러기 위해서는 우선 지위나 신분의 높고 낮음을 가리지 않고 자신이 맡은 직책을 수행할 필요가 있다.

분발심(奮發心)과 제3자의 인정을 본능으로 하는 자발적인 태도를 이끄는 것이 바로 명예심과 수치심이다. 아무런 잘못이 없는데도 어떤 동기로 갑자기 다른 사람의 호의를 잃거나, 일시적이나마 짊어진 의무 이행을 소홀히 한 것이 다른 사람에게 알려질 때 우리의 얼굴이 붉어지는 이유도 우리에게 명예심과 수치심이 있기 때문이다.

한편으로, 자기가 남의 호감을 사고 있다는 확신만큼 삶에 대한 활기를 불어넣는 것도 없다. 왜냐하면 자신에 대한 남들의 호감을 바탕으로 우리는 애호와 협조를 은연중에 기대할 수 있으며, 인생에서 재난을 당했을 때 자기 혼자만의 힘보다 다수의 힘이 훨씬 큰 의지가 되기 때문이다.

인간관계는 매우 복잡하다. 인간은 서로 관계를 가짐으로써 상호간의 교제, 신뢰, 우의를 유지하는데, 이 중 특히 중요한 것은 재물, 의무, 남녀 간의 관계다. 인간관계가 복잡한 만큼 명예에도 여러 종류가 있으며, 이를 크게 나누면 개인의 명예, 관직의 명예, 남녀의 명예 등이고, 이 각각에는 또 다른 종류의 명예들이 들어 있다.

① 개인의 명예

명예 중 가장 범위가 넓은 것은 개인의 명예다. 평화로운 사회를 만들기 위한 유일한 조건은 누구나 다른 사람의 권리를 존중하고, 부정이나 불법으로 자기 혼자만의 이득을 취해서는 안 된다는 것이다. 따라서 한 번이라도 이 사회적 묵계를 저버리는 행동을 하거나 법률상 정당한 형벌에 처해진다면, 그의 명예는 영원히 매장되고 말 것이다. 본래 인간의 도덕적 성격은 고정되고 불변하는 것이므로, 어떤 사람의 부정행위는 환경이 유사하기만 하다면 반복적으로 일어날 수 있으며, 모든 명예는 이 불변하는 도덕적 성격을 토대로 한다. 이는 영어의 '성격(character)'이라는 단어가 명성이나 면목이라는 뜻도 갖는다는 사실만 봐도 알 수 있다. 한 번 실추된 명예는 다시 회복할 길이 없다. 단, 예외가 있다면 남의 중상모략으로 인한 경우에는 외관상 일시적으로 명예가 실추된다.

어느 의미에서 명예는 소극적이고, 명성은 적극적이다. 또한 명예는 일반적인 것을 나타내지만, 명성은 특수한 것을 표시한다. 명예는 보유하려고 애쓴 끝에 손에 넣는 것이지만, 명성은 뛰어난 일인자로서 손에 넣는 것이다. 그리고 명예는 수동적인 것이 아니라 어디까지나 능동적인 것이어서 자기 자신의 모든 행동에서 기인하며, 다른 사람의 행동이나 외부 사정에 좌우되어 얻을 수 있는 것이 아닌 일종의 내부적 특성이다. 이것이 참된 명예가 기사의 명예 및 사이비 명예와 다른 점이다. 그리고 명예에 대한 외부의 유일한 침해는 중상모략이며, 이에 대한 방책은 공공연히 상대방의 거짓을 드러내고 철저히 반박하는 것이다.

앞에서도 말한 바와 같이, 명예의 가치는 간접적이다. 우리가 나 자신에 대한 다른 사람의 견해에 영향을 받는 경우는 대체로 그들이 우리에게 어떤 태도를 보일 때다. 우리가 사회생활을 하는 동안에는 다른 사람의 견해에 영향을 받지 않을 수 없다. 특히 오늘날과 같은 문명시대에는 우리의 생명과 재산을 보호해주는 곳이 바로 '사회'라는 집단이다. 그러므로 무슨 일을 하든지 남의 힘을 빌어야 하고, 다른 사람과 함께 일하려면 신용을 얻어야 한다. 따라서 비록 간접적이긴 해도 나 자신에 대한 다른 사람들의 견해와 평가는 중요한 가치를 지닌다고 봐야 한다. 이 점에 대해 스토아학파인 크리시포스와 키니코스학파인 디오게네스는 "만일 명예에서 발생하는 이득이 없었다면, 손가락 하나 애써 움직이려고 하지 않았을 것이다"라고 말했는데, 나도 그들의 견해에 동감한다.

② 관직의 명예

다음으로 어떤 직위를 갖고 있는 사람이 다른 사람들에게 보여주는 독특한 인상이 있는데, 이 인상에 대한 세상 사람들의 신뢰와 존경이 바로 관직의 명예다. 따라서 국가에서의 활동 범위가 넓고 중요하며, 그 직책이 무거울수록 이에 따르는 재능과 덕망에 대한 신뢰나 존경심이 높아지므로 그만큼 명예도 따라오게 마련이다. 지위의 등급이나 추천 및 추대는 관직의 명예와 관련한 구체적인 표현이다. 지위는 명예의 중요한 척도가 되기도 하는데, 지위에 대한 대중의 이해가 부족하기 때문에 사실 그 척도가 맞지 않을 때도 있다. 소극적인 명예만을 가진 개인보다 특별한 공직에 종사하는 인사에게 더 큰 명예가 주어지는 것이 일반적이다.

그리고 어떤 관직에 몸담고 있다면, 자신의 부하나 후계자를 위해 관직 자체의 위엄을 고수하는 것이 명예를 유지하는 길이다. 즉, 자신의 직책을 완수해야 함은 물론이고, 관직에 앉은 사람으로서 직책에 충실하지 않았다거나 관직 자체가 사회에 조금도 이바지하지 않는 경우에는 어떤 수단을 써서라도 대중의 오해를 풀어야만 한다.

관직의 명예에는 어떤 정신적인 일에 종사하면서 책임과 의무를 가지는 사람들의 명예도 포함된다. 군인의 명예가 대표적이다. 군인의 명예는 조국 수호를 의무로 하는 사람에게 필요한 용기, 담력, 체력을 지니고 있는 동시에 조국을 위해서는 목숨을 기꺼이 내던진다는 각오와 충성심을 가진 사람들에게 주어진다. 관직의 명예라면 흔히 관직 그 자체에 대한 존경을 뜻하지만, 나는 이보다 더 넓은 의미를 부여하려는 것이다.

③ 남녀의 명예

성별적 명예, 즉 남녀의 명예에 대해서는 좀 더 자세히 설명할 필요가 있다. 남녀의 명예를 근본적으로 검토해보면, 다른 모든 명예와 마찬가지로 이것도 이해득실에서 온다는 사실을 알 수 있다. 이 명예는 성질상 남성의 명예와 여성의 명예로 구분되지만, 모두가 남성과 여성의 단체정신에 기인하며, 그중에서도 특히 여성의 명예는 큰 의의와 가치를 지닌다. 왜냐하면 여성의 생애는 매우 중대한 일이기 때문이다.

여성의 명예는, 미혼인 경우에는 어떤 남성과도 접촉하지 않았다는 것이고, 기혼인 경우에는 남편 이외에는 몸을 허락하지 않았다는 것이다. 이러한 명예가 소중한 이유는 여성이 자신의 모든 소원과 생활필수품을 남성에게 의존하는 반면, 남성이 여성에게 바라는 것은 오직 하나밖에 없기 때문이다. 따라서 남성에게 이런 밑지는 거래를 받아들이도록 하기 위해서는, 즉 결혼이라는 사회적 제도를 통해 남성이 여성에게 요구하는 단 하나의 조건을 충족시키기 위해서는 여성의 생활을 책임지고 자녀들에 대한 모든 의무를 짊어지겠다는 남성의 약속을 전제로 한다는 점을 미리 못 박아두어야 한다. 이렇게 해야만 비로소 여성 전체의 행복이 이루어질 수 있다.

남성은 뛰어난 체력과 지력으로 생활필수품을 소유하고 있으므로, 여성은 이들을 정복해 그 소유물을 가져올 필요가 있다. 이 목적을 달성하기 위한 여성의 불문율은, 정식으로 결혼한 남성 이외에는 몸을 허락하지 않는 것이다. 이것 때문에 모든 남성은 일종의 맹목적 약속인 결혼을 강요당하고, 여성들은 이로써 안정된 생활을 보장받는다. 그러나 이 목적을 이루려면 앞에서 말한 불문율을 엄격히 준수해야만 하므로, 여성들은 일종의 단체 정신으로 모든 여성 동지의 불문율 준수여부를 감시해야 한다. 만일 아직 결혼하지 않은 여성이 몰래 정을 통해 이 규약을 어김으로써 여성 전체를 배신하고 여성 단체에 악영향을 미쳤다면 모든 여성의 안녕과 질서는 파괴되고 말 것이다. 그래서 이러한 범죄는 여성 전체의 건강을 해치는 병균으로 보기 때문에 그 여성은 여성 단체로부터 이단자 취급을 받을 뿐 아니라 커다란 치욕도 감수해야 한다. 즉, 그녀는 명예를 잃어 아무도 그녀를 상대해주지 않게 된다. 간통을 범한 여성도 마찬가지다. 왜냐하면 그녀는 남편에 대한 맹목적인 약속을 지키지 못했으며, 이 일로 많은 남성이 결혼이라는 불리한 계약을 기피한다면 여성 전체의 행복이 위협받게 되므로 이러한 범죄자는 쫓아낼 필요성이 있다고 보기 때문이다. 또한 간통을 범한 여성은 큰 사기를 저지른 것과 마찬가지이므로, 여성 전체의 명예뿐 아니라 인간의 명예도 크게 손상시킨 셈이다. 그래서 결혼 전에 남성과 접촉한 여성에게는 '놀아난 계집'이라는 비교적 관대한 말을 쓰지만, 간통을 범한 여성에게는 이런 말조차 용납되지 않는다. 미혼이라면 상대 남성과 결혼함으로써 명예를 회복할 수 있지만, 간통한 여성은 딴 남성과 결혼하더라도 명예를 회복할 수 없다.

여성이 명예를 지나치게 내세우는 것은 다른 모든 극단적인 주장과 마찬가지로 수단을 위해 목적을 저버리는 꼴이 되며, 명예에 부당할 정도로 절대적인 가치를 부여하는 것이 된다. 여성의 명예가 지닌 가치도 사실상 다른 명예와 마찬가지로 상대적이며 관례적이다. 그 예로 첩 제도를 들 수 있다. 첩은 정식으로 결혼한 아내와 같은 대우를 받았다.

남성의 성적 명예는 여성에 대항하기 위한 집단정신에서 비롯된다. 즉, 여성과 결혼이라는 불리한 계약을 맺은 남성은 아내가 그 계약을 엄격히 준수하고 있는지를 늘 경계한다. 경계를 게을리해 계약의 효력을 상실한다거나, 아내에게 모든 것을 주는 대가인 아내 독점마저 상실하는 일은 없어야 한다는 것이 남성 전체의 묵계인 것이다. 따라서 남성의 명예는 아내의 간통을 이혼이라는 징계로 처벌하도록 하고 있다. 만일 아내의 간통을 묵인했다면, 그 남성은 체면을 구길 뿐 아니라 남성 단체로부터 멸시받게 된다.

지금까지 설명한 세 가지의 명예는 어느 시대 어떤 국민에게서나 흔히 찾아볼 수 있는 것이다. 단, 여성의 명예만은 지역에 따라 약간의 차이를 보인다. 그런데 이러한 일반적인 명예와 전혀 다른 명예가 하나 있다. 이것은 일찍이 희랍인이나 로마인에게도 없었으며, 오늘날 중국인, 인도인, 회교도 사이에서도 찾아볼 수 없는 명예다. 이 명예는 중세기에 생긴 것으로 유럽의 기독

교 국가에서만 성행했으며, 그것도 국민의 일부분에 국한되어 상류층과 그 주변 사람들 사이에서만 존중된 이른바 '신사의 명예'라는 사이비 명예다. 다른 명예들이 '명예 있는 자'를 배출한다면, 신사의 명예는 '명예를 위한 자'를 배출한다는 점에서 정반대의 성격을 지닌다. 그렇다면 지금부터는 신사의 명예를 정의해보고, 이에 대해 자세히 살펴보기로 하겠다.

1. 신사의 명예는 나의 가치를 평가하는 타인의 견해 속에 있는 것이 아니라, 타인의 말과 행동 속에 깃들어 있다. 따라서 나에 대한 제3자의 말과 행동이 타당하다면 그것에 대한 충분한 근거가 있느냐의 여부는 문제 삼지 않으며, 그가 아무리 당치 않은 견해를 가지고 있고 마음속으로 나를 경멸한다고 해도 그 사실을 입 밖에 내지 않으면 나의 명예는 아무런 손상도 입지 않는다.

하지만 제3자의 견해에 일종의 압력을 가함으로써 자신의 성품이나 행위에 대한 그들의 존경을 이끌어냈음에도 한 사람이 나를 모욕했을 경우, 그 자리에서 명예 회복을 강구하지 않으면 신사로서의 명예는 여지없이 손상되고 영원히 상실된다.

신사의 명예가 타인의 견해는 검토하지 않고, 단지 그 표시인 말과 행동만을 중시한다는 또 하나의 증거는 상대방이 나에게 가한 모욕을 취소할 경우 모든 것이 원상 복귀되고 해결된다는 점이다. 즉, 문제는 존경을 받는 데 있지 않고, 존경해주기를 강요하는 데 있는 것이다.

2. 신사의 명예는 당사자의 인품에 의거하는 일반적인 명예와 달리 다른 사람의 말과 행동 같은 반응에 의거한다. 어느 누구라도 나에게 모욕적인 말을 던지면 순식간에 나의 명예는 실추되므로, 당사자는 특별한 방법(나중에 이야기하겠다)을 사용해 그 모욕적인 말에 대한 취소의 말을 들어야 한다. 이것이 자신의 생명과 건강, 그리고 자유와 재물과 안전을 지키는 길이다. 아무리 올바른 성품과 깨끗한 마음 그리고 우수한 두뇌를 가진 사람이라도, 우매한 짐승 같은 무능 무지한 사람에게 뜻밖의 모욕을 당할 수 있다. 왜냐하면 그들의 반감은 증오로 나타나며, 우등한 사람의 장점은 은연중에 열등한 사람의 분노를 사기 때문이다. 이에 대해 괴테는 다음과 같이 말했다.

적대감을 보이는 자에게 뭐라고 중얼거리는가?
그대처럼 뛰어난 사람은
영원히 그들의 눈에 든 가시로다.
저들이 그대의 빛이 되리라 생각하는가?

신사의 명예는 이러한 열등한 사람들에게 잘 어울린다. 그들은 명예를 내세움으로써 감히 쳐다볼 수조차 없는 우등한 사람들과 동등한 위치에 서길 바란다. 또한 그들이 우등한 사람에게 모욕적인 폭언을 한다면, 적어도 그 당시에는 객관적 근거가 있는 판단으로 인정되어 일종의 법과 같은 힘을 지닌다. 만일 그 자리에서 그것을 씻어내지 않는다면 그 폭언은 언제까지나 유효한 결정적 탄핵이 되어 그대로 공인되고 만다. 왜냐하면 모욕을 들은 당사자가 아무런 행동도 취하지 않음으로써 폭언을 인정한 셈이 되기 때문이다.

그렇다면 이 가소로운 명예는 어디에서 비롯되는 것일까? 내 생각에는 중세의 재판에서 기인한 것으로 보인다. 베히터의《독일사》와《형법》에 의하면, 15세기 이전의 형사 재판에서는 원고가 피고의 유죄를 입증할 필요가 없었으며, 단지 피고만이 무죄를 입증하도록 되어 있었다. 이를 위해서는 몇 사람의 공증인이 필요했으며, 이들이 피고가 거짓 맹서를 하지 않았다고 선서하고, 피고가 자신의 결백을 서약하면 재판은 끝난다. 그런데 만일 공증인을 세울 수 없거나 원고가 그들을 기피하면 이른바 '하나님의 심판'에 회부되는데, 그 방법은 주로 결투였다. 즉, 피고는 명예가 실추된 사람이므로 결투에 의해 명예를 회복해야 하는 것이다. 이것이 오늘날 명예를 존중하는 사람들 사이에서 성행하는 모든 충돌의 근원이자 더럽혀진 명예의 원형으로, 단지 선서 하나만 빠져 있을 뿐이다.

만일 제3자로부터 '거짓말쟁이'라는 오명을 듣는 순간 극도로 격분해 상대방을 살상하는 것으로 보복하려고 든다면, 이는 거짓말이 인간이 예사로 저지르는 습성임을 감안할 때 정당한 방법이 아니다. 하지만 영국 같은 나라에서는 이것이 뿌리 깊은 미신처럼 자리 잡고 있다.

말로 퍼붓는 모욕에 대해서는 이 정도로 해두겠다. 이것보다 더 어처구니없고, 용납할 수 없으며, 생각만 해도 소름 끼치고,

세상에서 제일 흉악해 죽음이나 신의 형벌보다 감당하기 어려운 모욕은 상대방의 뺨을 때린다거나 주먹을 휘두르는 것이다. 이는 이 세상에서 가장 무서운 형벌로 명예가 송두리째 짓밟혀버리며, 실추된 명예는 상대방을 죽이는 것으로밖에 회복되지 않는다.

3. 만일 신사의 명예가 실추되었다면 그 자리에서 공인된 하나의 형식 및 결투를 통해 명예를 완전히 회복해야 한다. 이때 상대방이 자신의 폭언을 시인하지 않는다면 두말할 것도 없이 신속하게 상대방과 결투를 벌여야 한다.

4. 대부분의 사람은 모욕을 당하는 것은 수치이고, 모욕을 가하는 것은 명예라고 알고 있다. 즉, A가 진리와 정의와 도리를 지니고 있어도 B가 그를 모욕하면, A의 정의와 도리는 매장되고 도리어 그것이 B의 소유가 되어 A는 명예를 한동안 상실하게 된다. A가 실추된 명예를 정의나 도리로써가 아니라 권총이나 장검으로 회복하기까지 그의 명예는 실추된 채 유지된다. 따라서 신사의 명예에는 폭력이 압도적인 역할을 하며, 최대의 폭력을 발휘하는 사람이 승리를 얻는다.

논쟁이나 대화에서 상대방이 자신보다 정확한 지식과 진실한 태도 그리고 건전한 판단력과 이해력을 갖고 있어서 자신이 그 그늘에 묻혔다고 생각될 경우, 폭행으로써 상대방을 모욕한다면 상대방의 우월감과 자신의 열등감이 해소된다. 왜냐하면 폭언이나 거친 행동은 모든 이론을 짓누르고 온갖 지혜를 짓밟아 버리기 때문이다. 따라서 상대방이 이에 대항해 큰 폭행을 가하지 않는 한, 모욕을 가한 내가 승리할 수밖에 없기 때문에 명예는 나의 편이 된다. 이러한 폭력 만능주의 앞에서는 진리, 지식, 이해, 지혜, 재능 등은 도망칠 수밖에 없다.

따라서 명예를 숭상하는 사람은 약자가 자신들에게 이의를 제기하고 좀 더 명확한 논증을 제시하면, 곧 폭행을 일삼는다. 폭행은 상대방을 설복할 자신이 없을 때 사용할 수 있는 가장 손쉬운 무기인 동시에 언제든 누구에게라도 휘두를 수 있는 완력으로, 인간의 동물성에서 비롯된다. 따라서 이것은 '신사의 명예'가 아니라 '완력의 명예'라고 봐야 한다.

5. 나와 타인의 소유, 의무, 약속 등을 존중하는 것은 개인의 명예지만, 반대로 이에 대해 귀족적으로 방종한 태도를 취하는 것은 신사의 명예다. 그렇다고 명예에 대한 유일한 언사인 '명예의 이름으로'라는 말을 무시해서는 안 되지만, 나머지는 다 무시해도 괜찮다. 즉, '수틀리면 결투'라는 공공연한 방법에 호소해 상대방을 물리치면 그만인 것이다. 그리고 그들이 꼭 갚아야 할 부채는 도박의 부채뿐이기 때문에 '명예의 부채'라고도 한다. 그 밖의 부채는 채권자가 유대인일 경우에는 아무리 많이 떼어먹어도 불명예가 되지 않는다.

적어도 편견에 사로잡히지 않은 사람이라면 이렇게 괴상망측하고 가소롭기 짝이 없는 명예가 결코 인간의 참된 본성이나 인생에 대한 건전한 통찰에서 비롯된 것이 아니라는 사실을 이해할 수 있다. 이에 대한 가장 확실한 증거는 명예를 숭상하는 사람들이 대부분 귀족과 군인 그리고 그들과 접촉하는 극히 일부의 사람이라는 점이다. 즉, 희랍인과 로마인 그리고 고도의 문화를 지닌 아시아의 민족들도 이런 명예의 원리에 대해서는 완전히 백지상태였다. 이들에게는 앞에서 언급한 세 가지 명예가 전부였으며, 가장 중요한 것은 자기 자신의 말과 행동이었다. 따라서 그들은 자신의 말과 행동 때문에 명예가 실추된 적은 있어도, 다른 사람의 견해로 자신의 명예를 빼앗기는 일은 없었다. 그들에겐 다른 사람이 가하는 폭행은 어디까지나 폭행에 그치며, 소나 말에 채인 정도밖에 되지 않았다. 때로는 격분하여 보복을 감행하기도 하지만 이는 명예와 관계된 것은 아니다.

플라톤의 글에서 언급된 폭언에 대한 대목을 보더라도, 폭언과 명예를 결부시킨 부분은 단 한 군데도 없다. 소크라테스는 날마다 논쟁을 일삼았으므로 수도 없이 폭언을 들었지만, 결코 냉철함을 잃지 않았다. 그는 자신의 인내심에 놀라는 사람에게 "노새의 발에 채었다고 고발할 수 있나?"라고 말했다. 또 어느 날, 누군가가 소크라테스를 비난하고 비웃는 것을 본 주변 사람이 소크라테스에게 "선생님은 이런 모욕을 당하고도 수치스럽지 않습니까?"라고 물으니, 그는 "내 얘기가 아니라네"라고 대답했다.

명성

만고에 불변한 큰 명성은 마치 조그마한 씨앗에서 자라난 참나무와 같고, 일시적인 명성은 성장 속도가 빠른 일년초와 같으며, 그릇된 명성은 쉽게 싹트고 뽑히는 잡초와 같다.

명성을 얻는 방법

명성과 명예는 쌍둥이다. 단, 차이가 있다면 명성은 불멸하고, 명예는 일시적이라는 점이다. 단, 여기에서 말하는 명성은 고귀하고 순수한 참된 명성이라는 점을 기억해야 한다.

명예는 처지만 된다면 누구나 얻을 수 있는 만큼 세상에 흔한 일반적 성격을 가지지만, 명성은 당사자의 특수한 성격과 관련된다. 그리고 명예는 자기를 개인적으로 아는 사람들에게만 영향을 미치지만, 명성은 그 범위를 넘어서는 곳마다 새로운 친교를 만들어낸다. 또한 명예는 누구나 손에 넣을 수 있지만, 명성은 특별한 공적이 있는 뛰어난 인물에게만 주어진다.

여기에서 말하는 공적에는 행위와 작품 두 가지가 있으며, 따라서 명성을 얻는 길도 두 가지다. 행위의 공적에 요구되는 것은 위대한 용기이며, 작품의 공적에 요구되는 것은 뛰어난 두뇌이다. 이 두 가지 공적은 각각 일장일단을 가지며, 양자의 차이라고 한다면 '행위'는 소멸되지만 '작품'은 존속된다는 점이다. 아무리 고귀한 행위라고 해도 그 영향은 일시적이지만, 천재석인 작품은 시대를 막론하고 세상 사람들의 마음속에 영원히 살아 있다. 또한 행위는 사람들의 기억에 남을 뿐이며 그마저도 점차 변화하고 퇴색해 결국 흔적도 없이 사라지거나, 역사의 기록에 의해 생기 없는 화석처럼 전해진다.

하지만 작품은 그 자체로 불멸의 생명을 지니고 있으며, 특히 글로 된 작품은 모든 시대를 통해 영원히 존속된다. 예를 들어, 알렉산더 대왕에 대해서는 오늘날 그 이름과 단편적인 기억만 남아 있지만 플라톤, 아리스토텔레스, 호메로스, 소쉬르 등은 아직도 생생한 어조로 우리에게 직접적인 영향을 미치고 있다. 베다(고대 인도의 종교 지식과 제례규정을 담고 있는 문헌)와 우파니샤드(고대 인도의 철학 경전)는 오늘날에도 남아 있지만, 그 당시 사람들의 뛰어난 행위에 대해서는 아무것도 전해지지 않고 있다. 이러한 행위의 또 다른 단점은 그것이 어떤 기회의 영향을 받기 때문에 그 기회가 없어지면 실현되지 못한다는 점이다. 따라서 행위에 따르는 명성은 그 행위에 내포된 가치에서만 비롯되는 것이 아니라, 그 행위에 의의와 빛을 던진 주위 사정의 영향도 받는다.

행위의 장점은 그 성질상 일반 대중에게 쉽게 이해된다는 점이다. 따라서 행위가 정확히 전달만 된다면 올바른 평가와 인정을 받을 수 있다. 단, 행위 동기에 대한 정당한 이해와 올바른 비판에 오랜 시간이 걸릴 경우에는 그에 대한 명성이 얼마 뒤에 생기기도 한다. 그 이유는 모든 행위를 이해하려면 동기에 대해서 먼저 알아야 하기 때문이다.

그러나 작품은 이와 사정이 다르다. 작품 창작은 주위 환경의 영향을 받는 것이 아니라 오직 작가에게만 의존하며, 작품이 존속하는 한 그 본질은 온전히 보전된다. 단, 불리한 점은 작품에 대한 비판이 쉽게 이루어질 수 없다는 데 있는데, 이는 작품이 위대하고 심오할수록 더욱 그렇다. 그래서 이 경우에는 비평가의 견식이 부족하고 비평 자체가 불공평하거나 부정직하기 쉽다.

그러므로 작품에 대한 명성은 행위에 대한 명성과는 달리 초심에서 결정될 성질의 것이 아니라, 재심·삼심을 기다려야 한다. 왜냐하면 앞에서도 말한 바와 같이, 행위는 그 기억만이 후세에 전달되지만 작품은 파손되거나 지워진 부분은 별도로 치고 언제까지나 처음 그대로의 모습으로 전달되기 때문이다. 따라서 작품은 그 내용이 뒤바뀔 염려가 없으며, 시간이 흐를수록 처음의 불리한 외부 조건이 제거되어 결국 공정한 평가를 받게 된다. 다시 말해, 시간이 흐름에 따라 소수의 참된 비평가가 나타나 경건한 태도로 위대한 선각자의 작품에 올바른 평가를 남기기 때문에 때로는 몇 세기의 장구한 시일이 흐른 뒤에야 비로소 완전한 평가가 내려지기도 한다. 세네카도 "아름다운 작품에 명성이 따르는 것은 마치 육신에 그림자가 따르는 것처럼 자연스러운 일이지만, 때로는 명성이 앞서기도 하고 뒤지기도 한다"고 말하면서, "우리와 같은 시대를 살고 있는 사람들은 단순히 질투심만으로 그 작품을 묵살하기도 하지만, 시간이 흐르면 이런 사시로운 감정에 사로잡히지 않는 사람이 나타나 작품에 정당한 가치를 부여할 것"이라고 덧붙였다.

명성은 마치 대기만성인 것처럼, 영원한 생명을 지닐수록 서서히 나타나게 마련이다. 만고에 불변한 큰 명성은 마치 조그마한 씨앗에서 자라난 참나무와 같고, 일시적인 명성은 성장 속도가 빠른 일년초와 같으며, 그릇된 명성은 쉽게 싹트고 뽑히는 잡초와 같다. 명성이 가지는 사명과 활동 범위가 후세, 즉 인류 전체에 속할수록 그 당시에는 이단시되기 쉽다. 왜냐하면 그것은 당시만을 염두에 둔 것이 아니라, 인류와의 연관성을 지닌 한 부분으로서 시대와 관련되어 있는 만큼 당시에만 작용하는 단편적인 내용이 없기 때문이다.

미술사나 문예사만 봐도 알 수 있듯이, 인간이 지닌 가장 좋은 예지 활동은 늘 냉대와 비난을 받았으며, 어느 비상한 비평가에 의해 권위와 가치를 부여받을 때까지는 좀처럼 인정받지 못했다. 왜냐하면 일반 사람들의 이해와 평가는 자신과 본질적으로 유사한 것에 한정되기 때문이다. 다시 말해 평범한 사람에게는 평범한 것, 사악한 사람에게는 사악한 것, 산만한 사람에게는 산만한 것, 아둔한 사람에게는 아둔한 것만 보인다. 이에 대해 어느 철학자는 다음과 같이 말했다.

나는 내 생각대로 말하고,
남들은 그들의 취미대로 삶을 즐긴다.
이는 또한 이것대로 족하니
개에게는 개가, 소에게는 소가
세상에서 가장 아름답다.

아무리 천재의 걸작이라도 세상 사람들이 천박하고 아둔한 두뇌를 갖고 있다면, 그들에게 어떠한 감화나 영향도 줄 수 없다. 이는 옛날부터 모든 현자가 이구동성으로 개탄해온 문제이기도 하다. 예를 들어 시라는 "바보와 말하는 것은 잠든 사람과 말하는 것과 같다. 내가 말을 끝내면 그는 무슨 소리냐고 반문한다"라고 말했다.《햄릿》에서 햄릿도 "지혜로운 사람의 이야기를 바보에게 들려주면 귓속에서 잠들어버린다"고 했다. 그리고 괴테는 다음과 같이 말했다.

> 그대의 언쟁은 아무 자극도 주지 못하고,
> 아무 반응도 일으킬 수 없구나.
> 그러나 걱정할 것은 없다.
> 커다란 돌멩이도 깊은 연못에 던지면,
> 파문을 일으킬 수 없는 법이다.

명성을 얻은 사람은 그의 동료들보다 높은 위치에 서게 마련이므로, 동료들의 어깨가 처지는 것은 당연하다. 따라서 뛰어난 인물이 나타나면 평범한 사람들이 공모하여 그의 앞길을 가로막고 그의 참된 가치를 짓밟아버리는 것도 무리는 아니다. 즉, 그들의 묵계는 "모든 진정한 가치를 분쇄하라"이다. 그런데 이들뿐 아니라 자신이 진정한 가치를 지니고 있고, 이에 대해 정당한 명성을 얻은 사람까지도 새로운 명성의 제3자가 나타나면 방해공작을 펼친다. 그 사람으로 인해 자신의 명성이 약해질까 두렵기 때문이다. 괴테의 시에 이런 구절이 있다.

내가 명성을 떨치더라도,

세상에서 알아주기는 어려울 것이다.

당신도 알다시피 세상 사람들은

조그마한 '자기'를 간직하기 위해,

나 같은 것은 알아주려고 하지 않는다.

명예는 대체로 공평한 심판자를 갖고 있어서 남에게 질투를 받는 일 없이 감정적이나마 모든 사람의 용납을 얻지만, 명성은 뭇사람의 집중 사격을 막아내면서 쟁취해야 하며, 그 월계관은 심판자에 의해 마지못해 씌워진다. 왜냐하면 명예는 다른 사람과 함께 소유할 수 있고 또 소유하고 있지만, 명성은 다른 사람과 함께 소유하고 있으면 그만큼 자신의 명성이 광채를 잃기 때문이다. 그리고 저술로 명성을 얻는 것은 대단히 어려운데, 이는 명예가 독자의 수에 반비례한다는 사실을 염두에 두면 이해할 수 있을 것이다. 특히 교훈적인 저술이 오락적인 저술보다 명성을 얻기가 훨씬 더 어려운 것은 이 때문이다. 교훈적인 저술 중에서도 특히 철학 서적이 그러한데, 이는 저자의 견해가 모호한 성격을 띠고 있을 뿐 아니라 물질적인 혜택을 전혀 주지 않으므로 독자의 범위가 한정될 수밖에 없어서다. 게다가 그 독자의 대부분도 학계의 경쟁자들이다.

이처럼 저술과 명성은 인연이 멀다. 그러므로 명성을 얻을 만한 대작을 저술하려는 사람이 저술 자체를 즐기지 않고 명성만을 노린다면 불후의 대작은 세상에 나오지 못할 뿐 아니라, 아예

자취를 감춰버릴지도 모른다. 적어도 악과 거짓을 배격하고, 선과 순수를 강조하려는 사람이라면 대다수의 평가에 대해 초탈한 태도보다 차라리 무시하는 태도를 취할 필요가 있다.

명성과 명예는 정반대다. 명예는 누구에게나 문이 열려 있지만 이를 유지하기는 상당히 어려우며, 실수로 그것을 잃어버리면 다시 회복할 수 없다. 반면, 명성은 한번 손에 넣으면 잃을 우려가 없다. 왜냐하면 행위나 작품은 영원한 생명을 지니고 있기 때문이다. 그러나 명성이 당사자가 생존해 있을 때 소멸된다면, 이는 결국 순수한 가치에 의해 평가받은 것이 아니라 일시적으로 얻은 명예에 부가된 것에 지나지 않는다는 뜻이다. 즉, 명성 당사자의 친구나 제자 또는 동료가 무지한 대중을 현혹시킴으로써 얻은 명성은 후세의 웃음거리가 될 수밖에 없다. 겉만 화려하게 치장된 거각이나 학파가 무너진 전당을 찾아가 보면, 그 속에는 오직 초라한 빈방만 남아 있을 뿐이다.

명성은 근본적으로 인간과 인간의 비교에서 비롯되는 상대적인 것이므로 그 가치 역시 상대적이다. 따라서 다른 사람이 자기 자신과 동등한 가치를 지니게 되면, 그 명성은 자연히 소멸되게 마련이다.

절대적 가치를 갖는 것은 영구불변하면서도 자기 자신으로서 지니고 있는 '실체'뿐이다. 그러므로 위대한 영웅이나 대학자의 가치와 행복도 오직 그들의 참된 자아 속에만 깃들어 있다. 따라서 우리가 소중히 여겨야 하는 부분은 명성 그 자체가 아니라 '명성을 얻는 것'이다. 비유해서 말하자면 전자는 우연성이고, 후자는 실질성이다.

명성에 늘 분명한 가치가 수반되는 것은 아니다. 오히려 세상에는 진가가 따르지 않는 경우도 흔하다, 즉 '어떤 사람은 값없이도 명성을 얻고, 또 어떤 사람은 값있어도 명성이 없다.' 만일 자신의 가치를 타인의 견해 여하에 의해, 다시 말해 명성의 유무로만 규정한다면 그야말로 가련한 소인배에 지나지 않는다. 이는 영웅이나 천재의 경우도 마찬가지여서, 자신의 진가를 명성과 인기로 가름한다면 그 역시 졸장부와 다를 것이 없다.

인간은 과거의 자신을 위해 살고, 또한 미래의 자기 자신으로서 살아가야 한다. '참된 자아'는 자신 안에 깃들어 있다. 이러한 참된 자아의 가치가 볼품없어서 분장을 해도 그 본래의 가치는 결코 올라가지 않는다. 또한 다른 사람의 머릿속에 반영된 '자기'는 2차적 복제에 불과하며, '참된 자아'와 간접적인 관련을 맺고 있을 뿐이다. 세상 사람들의 두뇌는 초라하기 이를 데 없으므로, 결코 자신의 참된 행복을 맡길 만한 곳이 못 된다.

행복론의 측면에서 볼 때 명성은 인간의 자존심과 허영심을 북돋아주는 산해진미이며, 따라서 헛바닥의 행복에 지나지 않는다. 그런데 대부분의 사람은 겉으로는 시치미를 떼고 있지만, 실은 자존심과 허영심에 갈증을 느끼고 있다. 이러한 갈증을 특히 심하게 느끼는 부류는 뛰어난 재능을 가졌으면서도 명성을 얻지 못해 불평의 나날을 보내는 사람들로서, 그들은 언제나 사회에서 푸대접을 받고 있다고 생각한다.

그러나 자신에 대한 다른 사람의 견해를 존중하는 것은 이미 언급한 바대로 바람직하지 않다. 이 점에 대해 영국의 철학자 홉스도 "마음의 모든 즐거움과 만족은 자신을 타인과 비교한 뒤의 자부심에서 비롯된다"고 날카롭게 설파했다. 대다수의 사람이 명성을 손에 넣기 위해 몸과 마음을 아낌없이 바치는 것도 이해는 간다.

현명한 사람들도 명성을 얻는 것이 뜻대로 되지 않아
괴로운 나날을 보내노니,
고결한 인물도 이런 폐단을 극복하기 어렵다.
또한
높은 다락 위에 앉은 눈부신 명성,
그것에 이르기가 얼마나 어려운가.

엄밀히 말해 명성 자체는 어디까지나 2차적·반사적인 것으로, 늘 경탄의 원인은 경탄 자체보다 더욱 가치있다. 따라서 우리의 참된 행복은 결코 명성 그 자체가 아니라 명성을 낳은 우리의 진정한 가치, 즉 명성의 근원이 되는 도덕적 성격과 이지적 재능에 있는 것이다. 왜냐하면 인간의 가장 행복한 부분은 인간 자신 안에 깃들어 있으며, 그 자신도 여기에 속해 있기 때문이다. 또한 참된 명성은 한참 지난 뒤에 나타나는 만큼 보통 당사자의 귀에 들어가지 않지만, 이러한 뛰어난 인물들의 행복을 의심할 사람은 단 한 명도 없을 것이다. 즉, 그의 행복은 명성을 낳게 한 뛰어난 성격과 재능에 있다. 또한 재능을 발전시킬 기회와 여유가 있었으며, 타고난 본성대로 살아가면서 자신은 충실할 수 있었다.

또한 불후의 명성을 누릴 만한 작품이 그 시대의 사람들에게 인기 있는 경우는 하나의 우연에서 비롯되므로 크게 문제되지 않는다. 왜냐하면 세상 사람들의 대부분은 판단력이 부족한 데다 고상하고 난해한 작품을 평가할 만한 능력도 없으며, 늘 몇몇 사람의 찬사를 얻어듣고 흉내만 내기 때문이다. 다시 말해 이러한 명성은 대부분 대중이 부화뇌동한 결과에 불과하다. 따라서 참된 사상가는 같은 시대의 사람들이 자신에게 박수갈채를 보내더라도 절대로 달갑게 여기지 않는다. 이러한 갈채는 몇몇 사람의 찬사에 맞장구치는 합창에 불과하며, 그 찬동가들도 참된 비평가는 아니라는 사실을 간파하고 있기 때문이다.

예를 들어, 어떤 음악가가 연주를 끝마친 뒤 청중의 박수갈채를 받았다고 해보자. 그런데 만일 한두 명이 박수치는 것을 보고 나머지 청중이 자신이 음악에 문외한이라는 사실을 감추기 위해 함께 박수를 친다면, 게다가 이 한두 명도 음악가의 인기를 위해 동원된 사람이라면 음악가는 자신의 명성을 흐뭇하게 받아들일 수 있을까? 이러한 예만 보더라도 같은 시대의 사람들이 부여한 명성은 불후의 생명을 가진 경우가 드물다는 사실을 알 수 있다.

위대한 명성이 생전에 빛을 발하는 경우도 있는데, 이는 대부분 인생 만년의 일이다. 물론 화가나 시인 중에는 예외도 있지만, 철학자는 대부분 백발노인으로 묘사되어 있는 것으로 봐서 인생 말년에 이름을 날렸다는 사실을 알 수 있다. 그러나 행복론의 측면에서 본다면 명성이 뒤늦게 찾아오는 것이 오히려 다행이다. 명성과 청년 시절을 동시에 즐기는 것은 연약한 인간에게는 무척 벅찬 일이기 때문이다. 또한 청년 시절에는 그 자체의 즐거움으로 인해 명성의 힘을 빌리지 않고도 만족감을 느낄 수 있다. 따라서 나이가 들어 마치 한겨울의 화초처럼 모든 쾌락과 즐거움이 메말라버릴 무렵에 명성의 등나무에 싹이 트는 것은 시기적으로 매우 적합하다. 나이 들어서의 명성은 여름철에 여물어 겨울에 따먹을 수 있는 늦배와 마찬가지다. 한창 왕성했던 청·장년 시절에 창작 능력을 고갈시키지 않고 작품으로 열매를 맺게 했다는 스스로의 만족감은 노년기의 커다란 위안이 아닐 수 없다.

그리고 일반 대중과 직접적·실제적 관계를 맺고 있는 과학 분야에서 명성을 얻으려면 특수한 지혜의 힘으로 새로운 업적을 쌓아야 하며, 널리 알려진 분야일수록 명성은 높아진다. 예를 들어, 수학·생리학·동물학·식물학·해부학 등에서의 연구 업적은 동일한 연구를 하는 전문가에게만 알려진다. 반면, 눈으로 볼 수 있는 자연계의 운동이나 현상에 관한 연구 업적은 일반 대중도 쉽게 이해할 수 있으므로 그 명성이 모든 문화와 민족에게까지 퍼지게 된다. 이 경우 명성의 크기는 연구의 난이도에 비례한다. 연구 분야가 널리 알려진 것일수록 연구하는 사람도 많기 때문에 새로운 업적을 남기는 일은 무척 어렵다.

많은 사람에게 알려져 있지 않은 데다 뭔가를 알아내는 것만으로도 힘든 연구 분야에서는 정확한 이해와 명석한 판단력을 가진 사람이 끈기 있게 연구를 계속해나간다면, 그는 언젠가 전문 과학자로 명성을 떨칠 가능성이 높다. 단, 이 명성은 그 연구 분야를 알고 있는 사람들의 범위로 국한된다.

반대로, 일반 대중에게 많이 알려져서 더 큰 명성이 따르는 연구 분야는 많은 노력이 필요하지는 않지만, 연구자에게 더 큰 재능과 특수한 천재적 기질을 요구한다. 물론 노력과 끈기에 의한 명성과 지능이나 천재적 재능에 의한 명성의 가치 및 사회적 존경은 비교할 바가 못 된다. 그렇다고 해서 뛰어난 천재는 아니지만 정확한 이해와 명석한 판단력을 지닌 사람들이 학구적 연구를 포기하는 일이 있어서는 안 되겠다. 자신의 연구를 천직으로 알고 끈기 있게 개척해나가다 보면 두각을 나타낼 시기가 반드시 올 것이다. 이러한 특수하고 전문적인 분야에서는 경쟁자가 어느 정도 우수한 두뇌를 갖고 있는 경우 새로운 학설을 좀 더 쉽게 세울 수 있으며, 때로는 재료 자체에 대한 연구나 발견이 하나의 업적으로 간주되기도 한다. 단, 전문 분야에 종사하는 동료들의 찬사는 일반 대중의 귀에는 먼 바람결로 들릴 뿐이다.

또 하나의 극단적인 예로, 재료의 발견과 수집이 어려운 분야에서는 새로운 공적이 없어도 재료만 제공한다면 명성을 얻을 수 있다. 먼 미지의 세계를 탐험하고 돌아온 여행가가 대표적인데, 그 여행가는 단지 자신이 보고 들은 것을 전하기만 해도 금방 유명해진다. 앉아서 머리로 짜낸 것보다 실제로 보고 들은 것을 전하는 것이 다른 사람에게는 이해도 쉽고 재미있기 때문에 사상적인 저술보다 견문록이 더 많은 사랑을 받는 것이다. 독일의 시인인 아스무스(클라우디우스의 필명)도 "누구나 긴 여행에서 돌아오면 대중을 위한 화제가 끊이질 않는다"라고 말하지 않았는가! 이런 사람들과 접촉을 하다보면 때때로 소쉬르의 말이 생각난다.

산 너머 바다 건너 두루 다녀도
장소가 다를 뿐 마음은 언제나 한결같도다.

단, 과학 분야는 물론이고 여러 분야에 대한 한층 더 뛰어난 두뇌를 가진 사람은 특수한 전문 분야 이외의 일반적이고 전체적인 문제도 다룰 수 있으므로, 자신의 연구 범위를 여러 방면으로 확대해야 한다. 또한 몇몇 사람에게만 알려진 어느 특정 분야에 전문적으로 매달린답시고 현미경만 매만지는 일은 없어야 한다. 이런 사람은 굳이 많은 경쟁자를 피해 특수 분야에만 매달릴 필요가 없다. 또한 모든 사람의 눈앞에 산재해 있는 문제들을 정확하게 해결하는 것이 그 사람의 책무이기도 하다. 이러한 방면에서 이룩한 공적은 인류의 대다수에게 인정받게 되어, 그 명성은 다른 연구가들이 상상할 수 없을 정도에 이른다.

예지

소중한 시간에 과거에 실현할 수 없었던 기대를 떠올리고, 미래의 불안감에 이끌려 음산한 얼굴을 하고 있어서는 안 된다. 왜냐하면 옛날 일을 후회하고, 앞날의 일을 걱정함으로써 현재의 멋진 시간을 버리는 것만큼 어리석은 일도 없기 때문이다.

현실만이 참된 시간

생활의 지혜에서 중요한 점은, 다른 것을 해치지 않기 위한 주의력을 현재와 미래에 각각 얼마만큼씩 쏟아부을지에 대한 관계를 올바르게 정립하는 일이다.

현재 많은 사람이 지나치게 현재에만 얽매여 살고 있다. 이들은 그야말로 경솔하다. 또 어떤 사람들은 미래에만 얽매여 살고 있다. 이들은 사물에 지나치게 구애받는다는 걱정에 휩싸여 있다. 이 둘의 균형을 올바르게 유지하는 사람은 극히 드물다.

여러 희망을 가지고 노력하면서 미래 속에서만 사는 사람들은 항상 앞을 읽고 그것이 반드시 행복을 가져오리라 믿으면서도, 언젠가 일어날 것을 향해서 성급하게 달려간다. 또한 매우 노련하고 현명해보이는 얼굴 표정을 하고 있지만, 현실을 무시한 채 지나쳐버린다. 이런 사람들은 이탈리아의 당나귀에 비유할 수 있다. 느려터진 당나귀의 목에 막대를 얽어매고, 거기에 마른풀 한 다발을 묶어놓은 뒤 당나귀로 하여금 이 풀 다발을 쉽게 잡을 수 있다고 기대하게 만듦으로써 당나귀의 발걸음을 빠르게 할 수 있다. 아무튼 미래 속에서만 사는 사람들은 죽을 때까지 오직 임시적인 삶을 살면서 자신의 존재를 기만하는 셈이다.

따라서 우리는 미래를 위한 계획과 배려에만 전념한다든지 과거에 대한 동경으로 애태우지 말고, 현재만이 현실이며 확실하다는 사실을 명심해야 한다.

또 하나 기억해야 할 사실은, 미래는 대부분의 경우 예측과는 다른 형태로 나타난다는 것 그리고 우리가 생각했던 것만큼 전체적으로 확실하지만은 않다는 점이다. 왜냐하면 눈으로는 멀리 있는 작은 대상도 생각할 때만큼은 확대되어 나타나기 때문이다.

현실만이 참된 시간이며, 오로지 현재 속에서만 우리가 존재한다. 따라서 우리는 늘 현재를 명랑하게 받아들여야 한다. 또한 직접적인 불쾌감과 고통에서 해방된 시간을 있는 그대로 즐겨야 한다. 즉, 소중한 시간에 과거에 실현할 수 없었던 기대를 떠올리고, 미래의 불안감에 이끌려 음산한 얼굴을 하고 있어서는 안 된다. 왜냐하면 옛날을 후회하고, 앞날을 걱정함으로써 현재의 멋진 시간을 버리는 것만큼 어리석은 일도 없기 때문이다. 근심 걱정, 아니 후회까지도 각기 특정 시간에만 해야 한다. 따라서 지나간 것에 대해서는 다음과 같이 해야 한다.

우리가 그것 때문에 아무리 괴로워하고,
마음속의 불만을 가라앉히기가 어려워도,
우리는 그것을 그대로 놔둔다.
또한 미래에 대해서 보자면,
"이것은 모두 신들의 무릎 안에 있다."

이와 반대로, 우리는 '하루하루를 독립된 각각의 생명'으로 봐야 하며, 세네카는 오직 이것만이 현재의 시간을 쾌적하게 만드는 길이라고 했다.

미래의 재난도 그것의 등장 시간이 확실한 일에 대해서만 걱정하는 것이 바람직하다. 그러나 이런 종류의 재난은 극히 드물다. 왜냐하면 일어날 가능성이 높거나 있을 법한 재난이라고 해도 그것이 일어날 시간은 확실히 알 수 없기 때문이다. 이러한 재난에 얽매이면 마음이 평온할 수 없다. 우리는 평온한 현재의 생활을 확실치 않은 재난의 구름으로 덮어서는 안 된다. 또한 언제 올지 알 수 없는 재난을 지금 당장은 오지 않는다고 생각하는 습관을 들여야 한다.

그러나 공포심이 사라지면 사라질수록 사람의 마음은 욕망과 욕구로 점점 더 불안해진다. "나는 나의 입장을 무(無) 위에 올려놓았다"라는 괴테의 말은, 사람은 모든 욕망으로부터 벗어나 벌거숭이처럼 아무것도 없는 존재로 되돌아갈 때 비로소 인간 행복의 기초가 되는 정신적 평정을 얻을 수 있다는 뜻이다. 이 정신적 평정은 현재의 삶 전체가 소중하다는 사실을 발견하는 데 없어서는 안 되는 요소다. 따라서 우리는 오늘이라는 날은 한 번만 올 뿐 두 번 다시 오지 않는다는 사실을 마음에 새겨두어야 한다. 하지만 우리는 내일이면 또다시 오늘이 온다는 잘못된 생각을 가지고 있다. 이러한 생각은 내일 역시 오직 한 번밖에 오지 않는 다른 날이라는 점을 간과한 것이다.

이렇듯 우리는 하루하루가 다른 완전한 무엇과도 바꿀 수 없는 인생에서의 소중한 날이라는 사실을 망각하고, 오히려 하나 하나의 개체가 공동 개념 속에 포함되는 것과 마찬가지로 매일 매일이 단순히 삶 속에 포함된 것이라고 생각하고 있다.

또한 우리는 명랑하고 즐거운 수많은 시간을 유쾌하지 않다 는 듯 찡그리며 지내고는 나중에 슬픈 시기가 찾아오면 '그때는 좋았는데'라는 헛된 생각에 사로잡혀 탄식하곤 한다.

우리에게 지금 필요한 것은, 일상생활은 너무 평범하고, 지금 아무것에도 관심이 없으며, 현재가 빨리 지나갔으면 좋겠다는 생각을 버리는 것이다. 그러기 위해서는 지금은 별로 신통치 않 은 현재도 시간이 지나면 언젠가는 불멸의 빛을 내고 기억 속에 오롯이 보존되며, 불행한 시기가 닥쳐왔을 때 마음으로부터 선 망의 표적이 될 수 있다는 사실을 잊지 말아야 한다.

커지는 불안, 욕망, 공포

모든 제한은 사람을 행복하게 만든다. 즉, 우리가 활동하고 접촉하는 범위가 좁으면 좁을수록 우리는 그만큼 행복해진다. 반대로 이것들의 범위가 넓어지면 넓어질수록 우리는 더 큰 괴로움과 불안감을 느낀다. 왜냐하면 범위가 확대될수록 불안, 욕망, 공포도 함께 커지기 때문이다. 인생의 후반부가 전반부보다 슬픈 장면이 더 많은 이유도 인생이 진행될수록 우리의 목적과 범위가 확대되기 때문이다. 유년기에는 자신의 활동 범위가 몸 가까이의 환경이라는 극히 좁은 영역에 한정되어 있다. 그러다가 청년기가 되면 범위가 꽤 확대되기 시작한다. 장년기의 범위는 우리의 전 생애를 포괄할 뿐 아니라, 때로는 아주 멀리 떨어진 여러 국가와 민족에게까지 미친다. 노년기가 되면 여기에 자손의 일까지 포함된다.

또 하나, 정신적 제한까지도 우리의 행복을 촉진한다. 그 이유는 의지가 움직일 일이 적으면 적을수록 괴로움이 줄기 때문이다. 또한 활동 범위가 좁아지면 괴로움의 내적 요인이 소멸된다. 단, 정신의 활동 범위를 좁히는 것은 수많은 괴로움의 간접적 원천인 지루함을 가져올 수 있다는 단점이 있다. 사람은 이 지루함을 없애기 위해서 사교, 사치, 도박, 음주 등을 하는데, 그 사이에 수많은 손해, 파멸, 불행이 생겨날 수 있다. 진실로, 한 가지 시간 속에서의 평정은 어려운 법이다.

육체적 활동과 정신적 활동

우리의 행복과 불행을 최종적으로 결정하는 것은 무엇에 의해 의식을 채우고, 무엇에 의해 의식을 움직이는가 하는 점이다. 이때 정신적 능력이 있는 사람에게는 수많은 동요와 고생으로 가득한 현실 생활보다 순수한 지적 활동이 훨씬 많은 것을 제공해준다. 물론 여기에는 탁월한 정신적 소질이 요구된다. 단, 유의해야 할 점은 외적으로 분주한 생활이 우리의 몸을 학문으로부터 멀어지게 하는 것처럼, 학문 연구에 필요한 평온과 집중력을 우리의 정신으로부터 빼앗아간다는 것이다.

반면, 정신적 활동을 지속적으로 계속해나가다 보면 일상생활의 모든 측면에서 다소 무능해질 수 있다. 따라서 어떤 육체적 활동이 요구되는 상황이 오면 일시적이나마 정신적 활동을 완전히 정지하는 것이 바람직하다.

매우 유익한 일기

자신의 경험에서 어떠한 교훈을 얻기 위해서는 우선 지난 일을 반성하고, 자신이 체험하고 경험하고 느낀 것을 되풀이해서 상기하며, 자신이 한 번 내린 판단과 현재의 판단을 비교하고, 자신이 계획하고 노력한 것과 실제로 생긴 결과와 결말을 비교해보는 과정이 필요하다. 이때 자신의 경험은 원전(原典)이라고 할 수 있고, 생각과 지식은 이 원전을 위한 주석이라고 할 수 있다. 생각과 지식은 풍부하지만 경험이 부족하다는 것은 원전이 2쪽밖에 안 되는데 주석은 40쪽에 이르는 책과 같다. 반면, 경험은 풍부한데 생각이나 지식이 빈약하다는 것은 많은 사람이 이해할 수 없는 책과 같다.

아침에 일어나 놀이의 소용돌이 속에서 자신의 과거를 반성하지 않고 시간을 헛되이 보내며 하루 종일 바쁘게 뛰어 다니는 사람은 사물을 명확하게 바라보고 생각할 기회조차 없게 된다. 이들은 대부분 어느 정도 감성과 사상의 혼란을 겪고 있다.

오랜 시간이 지나 우리에게 작용한 몇몇 관계와 환경이 사라져버리면, 우리는 그 당시의 감정과 감각을 결코 다시 기억해낼 수 없다. 물론 그 당시의 관계나 환경에 의해 행해진 자신의 발언은 상기할 수 있다. 그 당시의 발언은 우리가 주위의 관계나 상황에서 받은 감정과 감각을 나타내는 표현이자 척도이며 결과이다. 따라서 뜻깊은 기억이나 이에 대한 문서는 세심히 보존해둘 필요가 있다. 이런 점에서 일기는 매우 유익한 것이다.

자기 자신과의 완전한 협조

스스로에게 만족하고, "나의 소지품 전부를 나는 몸 가까이에 가지고 있다"고 말할 수 있는 사람은 행복하다. 아리스토텔레스의 "행복은 스스로 만족하는 사람에게 있다"는 말은 아무리 강조해도 지나침이 없다. 이 말은 자기 이외의 다른 누구에게도 자신의 행복을 기대해서는 안 되고, 다른 사람과의 접촉으로 인해 생기는 위험, 불안함, 불쾌함은 수없이 많으며 또한 피해갈 수 없다는 뜻이기도 하다. 따라서 상류층의 먹고 마시는 생활처럼 행복에서 멀어지는 길도 없다. 이런 생활은 우리 같은 불쌍한 존재를 기쁨, 향락, 만족 등이 쉴 새 없이 움직이는 상황에 융화시키려고 하지만, 그에 따르는 환멸감을 없앨 수는 없다. 상류층의 생활은 '서로 거짓을 주고받는 것'이 지상 명령처럼 따라다니기 때문에 이로써 환멸이 생기지 않을 수 없는 것이다.

모든 사회는 서로 순응하고 조절할 것을 요구한다. 따라서 사회가 커지면 커질수록 그만큼 사람들은 점점 더 얼이 빠진다. 온전히 자기 자신으로 있는 것이 허락되는 시간은 오로지 혼자 있을 때뿐이다. 따라서 고독을 사랑하지 않는 사람은 자유도 사랑하지 않는 셈이 된다. 강제는 모든 사회와 떼어낼 수 없는 동반

자다. 또 모든 사회가 희생을 요구하는데, 이는 개성이 강한 사람일수록 참을 수 없는 일이다. 이런 상황에서 자기 자신에게 어느 정도의 가치를 두고 있는가에 따라 고독으로 도피하거나 고독을 견디거나 또는 고독을 사랑하게 된다. 불쌍한 사람은 고독 속에서 자신의 불쌍함을 통감한다.

지위가 높으면 높을수록 사람은 고립되게 마련이다. 이는 본질적인 문제로 아무리 피하고 싶어도 피할 수 없다. 그런 사람에게는 육체적 고독이 정신적 고독과 상응하는 것이 바람직하다. 그렇지 않으면 이질적인 사람들이 우글거리는 환경에 방해가 될 뿐 아니라, 그 사람의 자아 자체마저 빼앗기며 이에 대한 대가도 전혀 받을 수 없기 때문이다.

자연은 인간과 인간 사이에 도덕적·지적으로 차별을 두고 있다. 하지만 사회는 이것을 완전히 무시한 채 인간을 동등하게 취급하거나, 오히려 사회가 지정한 지위로 인공적 차별을 진행하는데, 이것은 자연이 설정한 차별과는 정면으로 대립한다. 사회가 만든 차별 목록에 의하면 자연은 낮은 위치, 사람은 아주 높은 위치로 올라간다. 하지만 자연이 지정한 목록에서 높은 위치에 있는 소수의 사람은 사회 속에서는 그리 대단한 위치에 있지 못하다. 그래서 이런 소수의 사람은 사회로부터 도피하고자 한다.

또한 모든 사회나 단체는 그 안에 포함된 사람의 수가 많으면 많을수록 속물이 된다. 위대한 정신의 소유자들이 사회를 싫어하는 이유는, 사회 구성원들이 모두 능력이나 업적 면에서 격차가 있음에도, 모든 사람의 권리와 요구가 평등하게 작용하기 때문이다. 소위 훌륭한 단체라고 하는 곳에서도 모든 종류의 특질이 용납되고 있다. 정신적 특질 같은 것은 오히려 밀수품 취급을 받는다. 이런 단체에서 우리는 모든 어리석은 이야기와 행위에 대해 무한한 인내심을 발휘해야 하는 의무를 가진다.

반면, 개인적 특질은 허락받지 못할 뿐 아니라 감추지 않으면 안 된다. 왜냐하면 정신적 탁월성은 그 자체만으로도 다른 사람에게 상처를 주기 때문이다. 따라서 훌륭하다고 하는 단체나 사회는 우리가 아무리 노력해도 사랑할 수는 없는 사람들이 포함되어 있다는 결점이 있으며, 다른 사람과 박자를 맞추기 위해 자신의 본성을 변질시키도록 강요한다는 문제점이 있다. 감동적인 연설 같은 것은 탁월한 정신을 지닌 사람들의 단체에서만 통용되는 것으로, 일반 모임에서는 심한 미움을 받게 된다. 왜냐하면 일반 사람들은 무난하면서도 고루한 것을 좋아하기 때문이다. 이런 단체에 들어가고 싶다면 다른 사람들과 비슷해지기 위해 자신의 4분의 3을 버려야 한다. 그 대신 우리는 다른 사람의 마음을 얻게 되는 것이다.

하지만 사람은 자신의 독특한 가치를 가지면 가질수록 자신의 행동이 불리해질 뿐 아니라, 가치에 따르는 이익이 결코 손실들을 보상해줄 수 없다는 사실을 점점 더 깨달아간다. 왜냐하면 사람들은 일반적으로 다른 사람과 교제하는 중에 생기는 지루함, 번거로움, 불쾌감, 자아 부정 등으로 손해를 입지 않을 수 없기 때문이다.

참된 탁월성, 즉 정신적으로 우수한 사람들은 좀처럼 발견할 수 없을 뿐더러, 이런 사람들을 싫어하는 사교 모임도 있다. 참된 탁월성 대신 얼굴을 내미는 것은 마치 표어처럼 임의로 만들어내는 일시적 탁월성이다. 이 일시적 탁월성은 지극히 멋대로이고 그릇된 규칙에 편승해서 옛날부터 지금까지 전해져오고 있다. 이 탁월성을 다른 말로 하면 좋은 취미, 고상함, 유행 등이 될 것이다. 그러나 이런 일시적 탁월성이 참된 탁월성과 충돌하면 곧 약점이 드러난다. 특히 고상한 면이 모습을 나타내면 건전한 상식은 퇴각하고 만다.

하지만 사람은 누구나 자기 자신과는 가장 완전하게 협조할 수 있다. 친구나 애인과도 완전한 협조는 불가능한데, 그 이유는 사람에게는 각자의 개성이나 감정 차이가 있어서 아무리 사소한 것이라도 반드시 불협화음이 생길 수밖에 없기 때문이다. 따라서 건강 다음으로 이 세상에서 큰 보배라고 할 수 있는 참된 마음의 안정과 평온함은 오직 고독 속에서만 발견할 수 있다. 그리고 이 상태를 오래 지속시키는 방법은 세상과의 교섭을 완전히 끊고 살아가는 것이다. 이런 경지에 들어섰을 때 사람은 이 불쌍한 지상에서 발견되는 가장 큰 행복을 만끽할 수 있다.

사람들은 우정, 연애, 결혼이 서로를 밀접하게 결합시킨다고 말하지만, 실제로는 접촉자의 수가 적으면 적을수록 그 사람은 점점 더 행복해지는 법이다. 또한 우정, 연애, 결혼 등의 해로움을 누구나 어느 정도 느낄 수 있을 것이다. 따리서 젊은 사람일수록 고독을 견뎌나가는 법을 배워야 한다. 고독이야말로 마음에 평온을 주는 원천이기 때문이다.

키케로는 "완전히 자기 자신에 의해 좌우되고, 자신 속에서만 모든 것을 가진 사람을 가장 행복하다고 말할 수는 없다"고 말했다. 갖춘 것이 많을수록 다른 사람은 전혀 눈에 들어오지 않는 법이다. 즉, 자기 자신 안에 가치와 부(富)를 갖춘 사람은 다른 사람과의 교제에서 자기부정을 통한 희생을 거부하는데, 그 이유는 자기 자신으로 충분하다는 만족감이 있기 때문이다.

이와 반대로 일반 사람들은 너무나 사교적이고, 너무나 협조적이다. 왜냐하면 그들은 자기 자신을 견디는 것보다 다른 사람을 견디는 것이 훨씬 더 쉽기 때문이다. 실제로, 가치를 지닌 사람은 이 세상에서 전혀 문제시되지 않으며, 또한 존경받는 사람은 세상에서 아무런 가치도 지니고 있지 않다. 존경은 탁월한 사람이 속세를 떠났다는 사실을 증명한다. 하지만 세상을 떠날 수 없고 세상 사람들과의 교제를 계속해나가면서 자신의 자유를 보존 및 확대하고 싶다면, 자신의 생활방식을 가능한 한 작게 가지는 것이 참된 생활의 지혜일 것이다.

사람이 사교적일 수밖에 없는 이유는 고독 속에 있는 자신을 견딜 수 없기 때문이다. 즉, 사람들을 사교계로 또는 여행이나 외국으로 몰고 가는 것은 그들 속에 존재하는 내적 공허함과 권태에 질려버린 감정인 것이다. 이런 사람들의 정신에는 자신에게 운동을 일으키는 탄력이 결여되어 있다. 그래서 그들은 술을 마심으로써 자기 자신을 고양하려고 드는데, 많은 사람이 이 길을 가는 도중에 술고래가 되어버리고 만다. 바로 이러한 이유로 사람들은 늘 외부로부터의 자극, 그것도 가장 강력하고 자신들과 동일한 존재에 의한 자극을 필요로 하는 것이다. 이런 자극이 없다면 그들의 정신은 자기 자신의 무게에 의해 침체되고, 짓눌리고, 무감각 속으로 전락하고 만다.

이렇듯 일반 사람들은 인류라는 이념의 작은 단편에 지나지 않기 때문에 어느 정도 완전하고 인간적인 의식에 도달하기 위해서는 다른 사람의 도움으로 자신을 보완할 필요가 있다. 이와 반대로, 완전한 사람은 진정한 의미에서 탁월한 사람이기 때문에 모든 것이 자기 자신으로 통일되어 있고, 오직 자신만으로 충분하다.

따라서 평범한 사람들이 모인 사교계는 러시아의 호른 음악에 비유할 수 있다. 호른을 이루는 하나하나의 관은 딱 그 관에 해당하는 자연배음열 음정들만 낼 수 있으며 연주곡의 조성에 맞추어 각 관을 정확하게 결합해야 비로소 음악이 된다. 이 호른처럼 평범한 사람들의 감각과 정신도 한 가지 음만을 낸다. 또한 그들의 생각도 오직 한 가지로 통일된다. 이것이 바로 인간의 군서동물적(群棲動物的) 본능이다. 자기 자신의 본질이 너무 단조롭기에 그들은 모두 자신의 본질에 진저리를 친다. 어리석은 자기 자신에 대해 구역질이 날 정도로 싫증을 느끼는 것이다. 그래서 그들은 다른 사람과 교제함으로써 그나마 호른 연주자처럼 존재할 수 있다.

이와 반대로 정신이 풍부한 사람은 혼사서 피아노 협주곡을 연주하는 음악 거장에 비유할 수 있다. 음악 거장은 자기 혼자서 작은 세계를 형성할 수 있다. 이렇듯 정신력이 풍부한 사람은 교향곡의 한 부분으로서가 아니라 의식의 통일 속에서 혼자 연주하는 것이 적합하다. 만일 일반 연주자들과 공연할 수밖에 없는 상황이라면 피아노처럼 반주를 동반하는 중심 목소리로서 등장할 뿐이다.

이 비유에서 알 수 있듯, 사교를 사랑하는 사람들은 다른 사람과 교제함으로써 질적으로 잃어버리는 것을 양적으로 보충하지 않으면 안 된다. 이런 사람은 정신이 풍부한 사람과 사귀는 것만으로도 충분하다. 하지만 평범한 사람과 교제하면 얻을 수 있는 것이 아무것도 없다. 단, 평범한 사람과 교제할 때는 그 수가 많으면 많을수록 좋다. 변화가 생길 뿐만 아니라, 여러 공통된 행동을 하는 와중에 결국 뭔가가 출현할 수도 있기 때문이다. 단, 하늘이 그 사람에게 인내력을 주길 바랄 뿐이다.

사실 사교라는 것은 굉장히 추운 날 사람들끼리 서로 몸을 붙여 따뜻하게 하는 것과 마찬가지로, 정신적으로 서로 따뜻하게 해주는 상태라고 할 수 있다. 단, 자기 자신 속에 정신적 따뜻함을 지닌 사람은 굳이 다른 사람에게 의지할 필요가 없다. 이런 점에서 사교는 그 사람의 지적 가치와는 정반대의 관계를 이룬다. 즉, "저 사람은 아주 비사교적이야"라는 말은 "저 사람은 위대한 특성을 가지고 있어"라는 말과 같은 뜻으로 보면 된다.

지적으로 훌륭한 사람에게 고독은 두 가지 면에서 이득을 가져다준다. 하나는 자기 자신으로 있을 수 있는 이득, 나머지 하나는 다른 사람과 함께 있지 않아도 되는 이득이다. 후자의 이득은 다른 사람과 사귈 때 얼마나 많은 강제, 고생, 위험이 뒤따라오는지를 생각해본다면 충분히 이해될 것이다. 라 브뤼에르도 "우리의 모든 재난은 혼자 있을 수 없다는 데서 생긴다"고 말했다. 즉, 사교란 위험한 파멸로 이끄는 욕구에 해당하는 것이다. 그 이유는 도덕 측면에서는 악질이고 지성 측면에서는 매우 우둔한 무리와 접촉하게 만들기 때문이다.

비사교적인 사람이란 이런 무리를 필요로 하지 않는 사람이다. 자기 자신 속에 아주 많은 것을 갖추고 있어서 사교를 필요로 하지 않는다는 것은 매우 큰 행복이다. 왜냐하면 우리의 괴로움은 거의 대부분 사교에서 생겨나며, 건강 다음으로 행복의 본질적 요소가 되는 정신적 평온은 사교에 의해 해를 입을 뿐 아니라 충분한 고독 없이는 얻을 수 없기 때문이다. 정신의 평온에 의한 행복을 손에 넣기 위해 견유학파 사람들은 모든 소유를 단념했다. 그들과 같은 의도로 사교에서 몸을 뺀 사람은 가장 현명한 방법을 선택한 셈이다. 음식을 적당히 조절해서 먹으면 육체적 건강이 얻어지듯이, 사람과 사귀는 것을 조절하고 제한한다면 영혼의 안정을 얻을 수 있다. 따라서 일찍 고독과 친해지거나 고독에 대한 애착을 가진 사람은 금광에서 금을 캐낸 것과 마찬가지다. 그렇다고 누구나 그리할 수 있는 것은 아니다. 왜냐하면 고통은 인간을 구속하지만, 고통이 제거되면 이번에는 권태가 인간을 못살게 굴기 때문이다.

고독은 누구든 최초의 아담으로서 근원적인 자연에 맞는 행복 속으로 들어가게 해준다. 그러나 아담은 아버지와 어머니가 없다. 즉, 다른 의미에서 고독은 인간에게 자연스러운 것이 못 된다는 뜻이다. 그 이유는 인간이 이 세상에 발을 들여놓을 때 혼자가 아니었으며, 부모와 형제자매가 포함된 공동체 속으로 들어가기 때문이다. 따라서 고독은 원래의 욕구로서 존재하는 것이 아니라, 경험을 쌓고 사물을 잘 생각해본 결과 비로소 발생하는 것이다. 그리고 고독에 대한 사랑 정도는 각자의 정신력 발달 수준에 상응하며, 연령의 증가에도 의존한다.

예를 들어, 어린아이는 잠시라도 혼자 있으면 불안과 고통으로 금방 소리를 지른다. 어린이들도 혼자 있으라면 상당한 고통을 느낀다. 간혹 고상하며 탁월한 정신을 가진 젊은이는 일찍부터 고독을 찾곤 하지만, 이들도 하루 종일 혼자 지내는 일은 어렵다. 이와는 대조적으로, 장년기에는 혼자 있는 것이 어렵지 않다. 장년은 혼자 있는 일이 많고, 더 나이가 들어갈수록 그런 경우가 흔해진다. 이미 사라져버린 세대의 잔존자(殘存者)이며, 삶의 즐거움이 일부 소멸되거나 불필요해진 노인은 고독이야말로 자신에게 본래의 요소라는 사실을 안다. 사람으로부터 떨어져 있고 고독하게 지내고 싶다는 심정은 갖가지 욕망에 의해 직접적·자연적으로 생긴 게 아니라, 오히려 대부분의 사람이 자신이 도덕적·지적으로 비참한 상태에 놓여 있다는 사실을 경험에 의해 통감한 결과로 생긴 것이기 때문이다. 대부분의 사람에게서 볼 수 있는 최대의 결함은 각각의 개인들이 지닌 도덕적·지적 불완전성이 서로 제휴해 반란을 일으킴으로써 교제를 즐겁지 않고 참을 수 없는 것으로 만든다는 점이다. 사교를 좋아하는 프랑스 사람인 볼테르까지도 "이 세상에는 이야기 나눌 가치가 없는 사람들로 가득 차 있다"고 말했을 정도다.

고독을 꾸준하면서도 고집스럽게 사랑한 온화한 마음씨의 페트라르카는 자신의 취향에 대해 다음과 같이 노래했다.

나는 언제나 고독을 추구했다.
(들판과 숲과 강물이 그 증인이다.)
나는 저 어리석은 얼굴을 하고 있는 사람들로부터 도망쳐 왔다.
그들 사이에 있으면 나는 광명으로 향하는 길을 선택할 수 없다.

또한 온화한 성품에 지극히 그리스도교적인 실레시우스는 독특하고 신비적인 말투로 이렇게 노래했다.

해롯은 나의 적, 요셉은 나의 지혜,
하나님은 꿈에서, 요셉에게 재앙을 알린다.
베들레헴은 인간의 세상, 이집트는 고독의 세계,
피해라, 피해라, 나의 영혼이여!
그렇지 않으면 고뇌로 인해 목숨을 잃으리라.

같은 의미에서 조르다노 브루노는 "세상에서 천국의 즐거움을 맛보려는 사람은 누구나 '나는 오랫동안 탈출을 시도한 끝에 모든 사람을 피해 고독에 잠겨 있다'라고 말한다"고 강조했다.

이렇듯, 프로메테우스가 좋은 흙으로 빚어 만든 사람들은 모두 똑같은 의미의 말을 하고 있다. 이들이 자신의 본성 가운데 가장 천한 면만을 드러내면서 일상적이고 평범한 사람들과 공동체를 만들어야 한다면, 그들은 그 속에서 과연 즐거움을 느낄 수 있을까? 그들이 평범한 사람들과 교제한다고 해도 상대방이 그들의 높은 수준을 따라올 수 없는 이상, 그들이 고립과 고독을 칭송하고 찾는 것은 일종의 귀족적인 감정이라고 할 수 있다. 그리스도교적인 온화와 사랑을 가진 실레시우스는 아주 엄한 어조로 다음과 같이 노래했다.

고독은 필요하다. 결코 친해지면 안 된다.
그럼 너는 사막 속에서도 살아갈 수 있으리라.

위대한 정신을 가진 사람들은 전 인류의 교육자다. 즉, 세상 사람들을 조잡하고, 비천하며, 캄캄한 오류의 큰 바다에서 광명으로 인도하기 위해 이 세상을 살아가는 것이다. 그래서 위대한 정신을 가진 사람들도 세상 사람들 속에서 지내야 하지만, 본질적으로 세상 사람들에 포함되는 일원은 아니다. 그들은 젊었을 때부터 다른 여러 평범한 사람과 자신이 다르다는 사실을 느끼고 있다. 그리고 차차 나이를 먹어감에 따라 사물의 상태를 확실히 알아차리게 되고, 얼마 안 가서는 정신적 측면뿐 아니라 물리적 측면에서도 세상 사람들과 스스로 거리를 둔다. 또한 그들은 어느 정도 세상의 일반적인 어리석음으로부터 이탈한 사람이 아니면 자신에게 가까이 접근하지 않도록 한다.

이런 모든 점에서 명백해지는 사실은 고독을 사랑하는 마음은 본래의 욕망에서부터 직접 나타나는 것이 아니라 훌륭한 정신을 가진 사람들에게서 점차 발달한다는 것, 또한 그때 자연적인 사교에 대한 욕망을 극복하지 않으면 안 된다는 것이다. 그뿐만 아니라, 메피스토펠레스의 다음과 같은 속삭임에 가끔 반대할 때도 있어야 한다.

> 근심 걱정에 잠기는 일은 이제 그만해라.
> 그것은 몸과 마음을 파먹는 독수리.
> 어디든 사람들이 웅성거리는 곳으로 나가보라.
> 그럼 외롭지도 않고, 제법 사람 구실을 할 수 있으리라.

고독은 탁월한 정신을 가진 사람들의 운명이라고 할 수 있다. 그들은 가끔 이러한 운명으로 인해 탄식할 것이다. 하지만 그들은 늘 두 개의 재난 가운데 더 작은 쪽인 고독을 선택한다. 그리고 나이가 들어감에 따라 고독을 점점 더 현명하고 자연스럽게 받아들인다.

고독의 경지에 다다르면 인간은 물속에 있는 물고기처럼 고독을 생활의 일부로 여긴다. 탁월한 사람, 즉 다른 사람과 전혀 다른 특유한 개성을 지닌 사람은 세상으로부터의 고립으로 젊었을 때는 괴로움을 느낀다. 하지만 나이가 들면 들수록 한결 마음이 가벼워짐을 깨닫는다. 왜냐하면 이러한 노년의 현실적인 특권을 많이 가지느냐 적게 가지느냐의 문제는 지성의 힘이 어느 정도이냐에 따라 결정되기 때문이다. 즉, 너무 빈약하고 천한 개성을 지닌 사람들은 나이를 먹어도 여전히 고독을 두려워하면서 사교를 좋아한다.

자신의 실수를 인정하는 것

숙명론적 법칙은 모든 면에서 일방적이다. 이 법칙은 우리가 불행을 당했을 때 마음을 가볍게 하고 가라앉히는 데 큰 도움이 된다. 하지만 불행한 사건은 대부분 우리 자신이 소홀했다든가, 앞뒤 생각 없이 행동한 데 그 원인이 있다. 따라서 조금 괴롭더라도 이 불행을 피하기 위해 어떡해야 했을까를 되풀이해서 생각해보는 것이 우리의 장래를 위해 반드시 필요한 자제(自制)의 기술이라고 할 수 있다.

또한 자신의 실수로 생긴 사건에 대해서 우리가 일반적으로 하는 것처럼 자기변호 혹은 자기 미화를 한다든가 대단한 일이 아니라고 위로하기보다는, 앞으로 이런 일을 되풀이하지 않겠다는 결심을 굳히기 위해 지금 모습 그대로 자신의 실수를 인정하는 것이 바람직하다. 물론 이 경우에는 자신에 대한 불만을 가져야 한다는 큰 괴로움이 뒤따른다. 그러나 불행을 겪어보지 않은 사람은 영리해지지 못한다는 말도 있지 않은가!

우리는 생각할 때마다 또는 마음이 내킬 때마다 객관적인 구상이나 독창적인 사상을 떠올릴 수 있다고 기대하는데, 이는 잘못이다. 개인적인 문제에 대한 생각도 미리 정해놓은 시간에 또는 스스로 '바로 이때다'라고 준비하고 있던 시간에 늘 떠오르는 것이 아니다. 오히려 시간 자체가 스스로에게 좋은 시간을 정하는 것이다. 그 시간이 되면 우리는 사물을 더 깊이 생각하는 어울리는 사고의 움직임을 본격적으로 추구한다. 단, 개인적인 문제라고 해도 한 번 경험한 부정, 손해, 손실, 모욕, 냉대, 무례 등을 다시 재생하여 머릿속에 자세히 그리는 일은 삼가야 한다.

보잘것없는 존재가 되지 않는 방법

한 인간으로서 늘 '단념하고 견디는 일'을 상기하고, 모든 희망에 한계를 두며, 욕정을 억누르고, 노여움을 가라앉히는 일 등을 하지 않는다면, 아무리 재산과 권력이 있어도 자기 자신을 보잘것없는 존재로 느낄 수밖에 없다. 이에 대해 호라티우스는 다음과 같이 노래했다.

네가 누리고 있는 일,
틈틈이 많은 욕망이 몰려와 괴로워한다든지,
별로 도움이 되지 않는 일을 두려워한다든지,
소망하는 일 없이 생활을 건전하게 유지하기 위해 우선 무엇을 해야 할지에 대해
언제나 현자의 책을 읽고, 현자에게 물으라.

행복에 관한 목표

사람은 자기 노력의 길잡이로써 공상으로 만들어진 영상이 아니라 확실한 개념을 찾아야 한다. 특히 젊었을 때의 행복에 관한 목표는 머릿속에 떠오르는 몇 개의 영상으로 굳어지기 쉬우며, 이것이 일생 동안 머릿속에서 떠나지 않는다. 이런 영상은 사실 사람을 속이는 유령이다. 왜냐하면 우리가 이 영상에 도달하는 순간, 그것은 곧 사라지기 때문이다. 그 결과 우리는 영상에는 아무것도 없다는 사실을 경험으로 알게 된다.

그럼 이 영상이란 무엇일까? 그것은 가정·시민·사교·농촌 같은 생활의 한 장면일 수도 있고, 주거나 환경 등의 한 장면일 수도 있다. 또는 훈장이나 경의를 얻는 장면일 수도 있고, 애인의 모습일 수도 있다. 우리가 이런 영상을 가지는 것은 당연하다. 왜냐하면 직관적인 것은 직접적인 것이므로 현실을 나타내는 개인의 것이 아니며, 이는 일반적인 것을 주는 추상적인 사고보다 한층 직접적으로 우리에게 작용하기 때문이다.

인간은 비이성적인 존재

사람이 늘 모든 순간에 사상이나 근거를 명확하게 유지할 수는 없다. 이런 점에서 생각해보면, 대단하진 않아도 보는 순간 기분이 좋아지는 것이 있고, 다른 사람의 판단이 매우 어리석다는 사실을 알면서도 우리의 기분이 괜스레 나빠지는 경우도 있다. 또한 우리는 다른 사람의 모욕이 얼마나 말도 안되는지를 잘 알면서도 흥분하거나 격분하기도 한다. 그렇게 본다면 우리는 얼마나 비이성적인가!

사고하는 두뇌

일반적으로 우리의 사고력은 두뇌의 유기적 기능이다. 따라서 다른 모든 유기적 활동도 긴장과 정지의 지점에서 비슷한 관계에 있다. 즉, 지나치게 긴장하면 눈이 나빠지는 것과 마찬가지로, 두뇌를 너무 긴장시키면 해롭게 마련이다. 두뇌는 사고하고, 위장은 소화시킨다는 말은 정확한 표현이다.

간혹 누군가는, 영혼은 두뇌 속에만 있어서 이 세상에 있는 것을 전혀 필요로 하지 않는 비물질적인 것이며, 본질적으로 늘 사고하고 있기에 지칠 줄 모른다는 망상을 지니고 있다. 하지만 이 망상은 확실히 많은 사람을 어리석은 행동으로 몰아넣어 그들의 정신력을 둔하게 만든다.

인격

만일 자신의 생존이 현재의 생명에 한정되어 있다고
생각하는 사람은 자신의 생명을 주어진 '무'로 보고
있는 것이다. 즉, 그는 '무'로 와서 '무'로 돌아가는 것
이다.

천재들의 우울

- 우리의 행운을 만들고 찾아내려면, 어디에서나 스스로에게 맡겨야 한다.(올리버 골드스미스)
- 참다운 재산은 영혼 안에 있는 재산이다. 그밖의 모든 소유물은 기쁨보다 괴로움을 가져온다.(루키아노스)
- 행복은 중요한 부분의 사고이다.(소포클레스)
- 어리석은 사람의 삶은 죽음보다 괴롭다.(시라하)
- 지혜가 많으면 번뇌도 많다.(《전도서》)
- 신들이 주는 훌륭한 선물을 무시하지 말라. 아무도 마음대로 받을 수 없는 것을 신들만이 줄 수 있다.(호메로스)

"철학 혹은 정치·문학·예술에서 뛰어난 사람들은 모두 우울한 것처럼 보인다"는 말이 있는데, 이는 정확히 본 것이다. 또한 키케로가 자주 인용한 아리스토텔레스의 글에 "모든 천재는 우울하다"는 말이 나온다. 셰익스피어는 《베니스의 상인》에서 사람들이 보이는 기분의 차이에 대해 다음과 같이 표현했다.

조물주는 괴이한 인간들을 만들었네. 어떤 사람은 항상 눈을 반쯤 감고 쳐다보면서 우습지도 않은 피리 소리에도 앵무새처럼 웃어대고, 또 어떤 사람은 몹시 언짢은 표정을 한 채 네스토르가 우습다고 장담하는 농담에도 치아를 드러내어 웃지를 않네.

위의 구분은 플라톤이 음기(陰氣, 디스콜로스, 염세성)와 양기(陽氣, 에우콜로스, 낙천성)로 표현한 것과 같다.

선입견을 갖지 않는 방법

《파우스트》에 이런 시가 나온다.

조상에게서 물려받은 것을 네 것으로 만들려면,
그것을 스스로의 힘으로 다시 얻지 않으면 안 된다.

이 구절을 나름대로 해석한다면, 이미 사상가들이 발견한 것을 그들과는 별도로, 또한 그 구체적인 내용을 알기에 앞서 자기 자신의 힘으로 발견하는 일은 가치와 효용성이 크다는 뜻이다. 그 이유는, 우리는 자신이 스스로 얻은 사상을 남에게서 얻은 사상보다 더 넓고 깊게 이해하며, 이 사상을 나중에 선인들의 이야기에서 보게 된다면 그 사상의 진리성에 대한 증거를 명망 있는 인물의 권위에서 얻는 것이 되기 때문이다.

이와 반대로, 우리가 어떤 것을 책에서 먼저 찾고 나중에 자기 사색에 의해 똑같은 결과를 얻는다면, 이것이 스스로의 사색과 판단에 의한 것인지, 아니면 단순히 선인들의 사상을 흉내 내거나 동감한 것인지를 알 수가 없다. 더욱이 이 경우에는 사태의 확실성을 취해야 한다는 점에서 큰 차질을 가져온다. 왜냐하면 다른 사람의 사상을 답습하는 경우는 마치 먼저 흘러간 물의 수로를 따라서 그 뒤의 물이 쉽게 흐르는 것처럼, 선입견으로 인해 선인들과 함께 그 정도에서 벗어나고 있는지조차 모르기 때문이다. 즉, 두 사람이 각각 따로 계산해서 같은 결론을 얻었다면 그 답은 확실한 정답이다. 하지만 한쪽 사람의 답을 다른 사람이 엿봤다면 얘기는 달라진다.

생존의 종말

누구나, 어떤 다른 사람에 의해 무(無)에서 창조된 존재와 자기 자신은 좀 다르다고 느낀다. 이러한 느낌으로 인해 사람은 죽음이 자신의 생명에 종말을 가져오긴 하지만, 자신의 생존에 종말을 가져올 수는 없다고 확신한다.

사람은 생명이 주어진 '무'와는 좀 다른 어떤 것이다. 동물도 마찬가지다. 어떤 사람의 주검 앞에서, 하나의 물자체(物自體)가 무로 돌아간다는 그릇된 생각이 어떻게 생겨나겠는가? 사람들은 오히려 죽음이란 어떤 현상이 모든 현상의 형식인 시간 안에서 종말을 맞이했을 뿐이며, 이로 인해 물자체는 아무렇지 않게 느껴진다는 점을 직관적으로 인식하고 있다. 이러한 사실을 표현하기 위해 모든 시대의 수많은 사람이 나름대로의 형식과 언어를 동원하기도 했다. 그러나 이들 표현은 모든 현상에서 빌려 온 것으로, 그 본래의 의미는 현상에 관계하고 있을 뿐이다. 만일 자신의 생존이 현재의 생명에 한정되어 있다고 생각하는 사람은 자신의 생명을 주어진 '무'로 보고 있는 것이다. 즉, 그는 '무'로 와서 '무'로 돌아가는 것이다.

결단성과 명백함

평범한 작품들과 확연히 구별되는 진정한 실력자들의 작품은 단호하고 결단성 있으며, 또한 거기에서 유래하는 명석함과 명백함을 지니고 있다. 즉, 그들은 늘 자신이 표현하려는 것이 무엇인지를 확실하고도 명백하게 알고 있는 것이다. 그것이 신문이든, 시든, 음악이든 상관없다. 이 결단성과 명백함이야말로 다른 평범한 사람들에게 결여되어 있는 특성이다.

자기 자신에게서 발견하는 행복

현실계 측면에서 보면, 현실이 아무리 아름답고 행복하고 우아하다고 해도 우리는 늘 중력의 영향 밑에서 움직이고 있는 만큼 중력의 영향을 쉬지 않고 극복해나가야 한다. 이와 반대로 사상계 측면에서 보면, 우리는 형체 없는 정신인 동시에 중력의 무게도, 고통도 모르는 존재다. 이런 이유로 이 세상의 어떤 행복도, 아름답고 풍부하게 열매를 맺는 정신세계 속에서 자기 자신에게서 발견하는 행복을 따라가지 못한다.

사색하는 존재

애매하고 고통스럽고 순간적인 꿈과도 같은 우리의 생존, 이 생존이야말로 얼마나 절박한 문제인지를 명심해야 한다. 이는 한번 알아차리면 다른 문제나 목적은 그 그림자에 덮일 정도로 절박한 문제다. 그렇다면 우리가 지금 눈으로 보고 있는 것은 무엇일까? 아주 적은 예외를 제외하고 거의 모든 사람이 생존의 문제를 확실히 자각하고 있지 못할 뿐 아니라, 전혀 알아차리지 못하는 경우도 있다. 그들이 신경 쓰고 있는 문제는 이와는 전혀 별개의 것이다.

그들은 오직 오늘이라는 날과 눈앞의 개인적인 장래만을 염두에 둔 채 들뜬 생활을 하고 있다. 즉, 그들은 중대한 생존의 문제를 의도적으로 무시하든지, 아니면 인간의 형이상학 체계인 종교로 매듭을 짓고 그것에 만족해버린다. 이러면 인간이 사색하는 존재라는 사실은 아주 막연한 의미에 지나지 않는다는 생각이 맞게 된다.

동물은 과거와 미래를 의식하는 일 없이, 오직 한 점인 현재에만 집중한다. 하지만 우리가 일반적으로 생각하는 것처럼 동물과 인간은 비교할 수 없을 만큼 뚝 떨어진 존재들은 아니다.

사람들과 대화를 나누다 보면 대부분 그들의 상상이 단편적이어서 마치 토막 낸 지푸라기 같다는 사실을 알 수 있을 뿐 아니라, 이것으로는 더 긴 사상의 실마리를 찾아낼 수 없다는 사실도 깨닫게 된다.

만일 이 세상에 정말로 사색하는 존재가 살고 있다면, 수많은 소음이 이처럼 무제한으로 날뛰지는 않을 것이다. 현재 이 세상에는 위험하기 그지없는, 아무런 목적도 없는 소음이 무제한 통용되고 있지 않은가? 만일 자연이 인간에게 사색의 사명을 내렸다면, 자연은 인간에게 듣는 귀를 주지는 않았을 것이다. 그렇지 않으면 내가 부러워하는 박쥐처럼 공기를 통할 수 없는 밀폐용 덮개를 귀에 달아주었을 것이다.

사실 인간은 다른 동물과 마찬가지로 오직 생존을 유지할 힘밖에 없는 비참한 동물이다. 그래서 전혀 묻지도 않았는데 밤낮을 가리지 않고 침입자가 접근하고 있다고 알려주는 항상 열려있는 귀가 필요한지도 모른다.

추상적 인식과 객관적 인식

인식의 성숙, 즉 개인이 도달할 수 있는 인식의 완전한 상태란 그 사람이 가지고 있는 모든 추상적 개념이 직관적 파악과 긴밀히 결합되어 있다는 뜻이다. 그 결과, 각 개인이 품고 있는 개념은 모두 직·간접적으로 직관의 기초에 근거하게 되며, 이로 인해 그 개념은 비로소 가치를 가진다. 이와 동시에 각 개인은 자신에게 나타나는 모든 직관을 이것에 적합한 옳은 개념 밑에 둘 수도 있다. 이러한 인식의 성숙은 순전히 경험의 작업이며, 시간의 작업이다.

대체로 우리의 직관에 의한 인식과 추상적 인식은 분리된다. 즉, 직관적 인식은 자연적인 길을 통해 생겨나지만, 추상적 인식은 제3자의 교시와 전달에 의해 생겨나며 그 교수 방법과 전달 방법은 때로는 훌륭하기도, 또 때로는 졸렬하기도 하다. 따라서 단지 말로 정해진 개념과 구체적 경험을 거친 실체의 인식이 결합해서 일치하는 것은 젊은 시절에는 좀처럼 있을 수 없는 일이다. 그러나 나이가 들어감에 따라 이 양자는 점점 집근해 서로 수정되기에 이른다. 그리고 이 양자가 완벽하게 결합해버릴 때 비로소 인식의 성숙이 이루어진다. 이 성숙은 각자의 능력 차이와는 관계없다. 능력 차이는 추상적 인식과 객관적 인식의 결합 문제에서 비롯되는 것이 아니라, 양자의 강도가 다른 데서 비롯된다.

염 세 주 의   철 학 자

쇼펜하우어의 말

초판 1쇄 인쇄 | 2024년 9월 2일
초판 1쇄 발행 | 2024년 9월 10일

지은이 | 쇼펜하우어
옮긴이 | 이강래
펴낸이 | 박찬근
펴낸곳 | 주식회사 빅마우스출판콘텐츠그룹
주 소 | (10550) 경기도 고양시 덕양구 삼원로 73 한일윈스타 1422호
전 화 | 031-811-6789
팩 스 | 0504-251-7259
이메일 | bigmouthbook@naver.com
본 문 | 미토스
표 지 | 강희연

ⓒ 주식회사 빅마우스출판콘텐츠그룹

ISBN 979-11-92556-30-7 (03100)